Verena Euler

W0397361

Deutsch 7/8 berufsbezogen

Lehrplaninhalte und Berufsorientierung verbinden

Auer

GRATIS-DOWNLOADS
für das Fach Deutsch

Sichern Sie sich 2 originelle, komplett ausgearbeitete Unterrichtsstunden, die aus dem Stegreif in maximal 5 Minuten vorbereitet sind – ideal für Vertretungsstunden.

Download der Gratis-Materialien unter
www.auer-verlag.de/06644DK1

Gedruckt auf umweltbewusst gefertigtem, chlorfrei gebleichtem und alterungsbeständigem Papier.

1. Auflage 2019

© 2019 Auer Verlag, Augsburg
AAP Lehrerfachverlage GmbH
Alle Rechte vorbehalten.

Das Werk als Ganzes sowie in seinen Teilen unterliegt dem deutschen Urheberrecht. Der Erwerber des Werks ist berechtigt, das Werk als Ganzes oder in seinen Teilen für den eigenen Gebrauch und den Einsatz im Unterricht zu nutzen. Die Nutzung ist nur für den genannten Zweck gestattet, nicht jedoch für einen weiteren kommerziellen Gebrauch, für die Weiterleitung an Dritte oder für die Veröffentlichung im Internet oder in Intranets. Eine über den genannten Zweck hinausgehende Nutzung bedarf in jedem Fall der vorherigen schriftlichen Zustimmung des Verlags.

Sind Internetadressen in diesem Werk angegeben, wurden diese vom Verlag sorgfältig geprüft. Da wir auf die externen Seiten weder inhaltliche noch gestalterische Einflussmöglichkeiten haben, können wir nicht garantieren, dass die Inhalte zu einem späteren Zeitpunkt noch dieselben sind wie zum Zeitpunkt der Drucklegung. Der Auer Verlag übernimmt deshalb keine Gewähr für die Aktualität und den Inhalt dieser Internetseiten oder solcher, die mit ihnen verlinkt sind, und schließt jegliche Haftung aus.

Covergestaltung: annette forsch konzeption und design, Berlin
Umschlagfoto: Icons flaticon.com; Illustrationen: Annette Forsch
Illustrationen: Steffi Aufmuth, Corina Beurenmeister, Boris Braun, Julia Flasche, Steffen Jähde, Hendrik Kranenberg, Stefan Leuchtenberg, Bettina Weyland, Georg Wieborg
Satz: krauß-verlagsservice, Ederheim/Hürnheim
Druck und Bindung: Korrekt Nyomdaipari Kft
ISBN 978-3-403-**08045**-9
www.auer-verlag.de

Inhaltsverzeichnis

Vorwort

Oftmals fällt es schwer, den Schülern[1] im Rahmen des Unterrichts die Relevanz der vermittelten Fachinhalte für ihr späteres Berufsleben aufzuzeigen. Der Fachlehrer sieht sich daher häufig mit der Frage „Was nützt mir das für später?“ konfrontiert.

Das vorliegende Arbeitsheft bietet genau hierfür eine Lösung: Es nimmt berufspraktischen Bezug auf die Lehrplaninhalte bzw. die Kerncurricula, sodass die Berufsvorbereitung ganz „nebenbei“ in den Fachunterricht integriert werden kann, ohne zusätzlichen Vorbereitungsaufwand zu erzeugen. So wird den Schülern ermöglicht, die Wichtigkeit der behandelten Themen in Hinblick auf ihre Berufswahl zu erkennen.

Da die Themen mit passenden Berufsbildern verknüpft werden, können sich die Schüler ihrer Kompetenzen bewusst werden und diese hinsichtlich der Berufsorientierung nutzen. In erster Linie sollen den Schülern eigene Neigungen, Interessen und Fähigkeiten deutlich werden. Darüber hinaus lernen sie verschiedene Berufe kennen und können sich so konkretere Vorstellungen von ihren späteren Möglichkeiten verschaffen. Hinblickend auf Berufspraktika können sie dadurch eine gezieltere Auswahl treffen.

Bei allen genannten Berufen handelt es sich um tatsächliche Ausbildungsberufe, die nach dem Haupt- oder dem Realschulabschluss erlernt werden können.

Das Arbeitsheft ist in sechs Hauptthemen und 25 Unterthemen gegliedert, die sich am Lehrplan orientieren. Jedem Unterthema ist ein spezifischer Beruf zugeordnet. Dabei werden nicht nur Berufe hervorgehoben, deren Fachbezug offensichtlich ist, sondern auch solche, bei denen dieser auf den ersten Blick nicht erkennbar erscheint.

Den Schülern wird zunächst der Beruf in seinen Aufgabenfeldern vorgestellt, sodass sie einen Einblick in die Tätigkeit erhalten. Daraufhin folgen Aufgaben, die sich auf die beschriebenen Berufe beziehen. So können die Arbeitsblätter gezielt im Unterricht eingesetzt werden, bringen zudem die unterrichtlichen Inhalte voran und motivieren durch ihre Anwendungsbezüge. Durch die realitätsnahen Situationen wird stets eine Vielzahl von Kompetenzen abgedeckt und auf verschiedenen Anforderungsniveaus erweitert.

1 Aufgrund der besseren Lesbarkeit ist in diesem Buch mit Schüler auch immer Schülerin gemeint, ebenso verhält es sich mit Lehrer und Lehrerin etc.

1.1 Informieren und Beraten (Internationale/-r Luftverkehrsassistent/-in)

Was macht eigentlich ein Internationaler Luftverkehrsassistent/ eine Internationale Luftverkehrsassistentin?

?

1. Erstelle die Berufsbeschreibung für Internationale/-r Luftverkehrsassistent/-in, indem du dir z. B. auf *YouTube* Kurzfilme über dieses Berufsbild ansiehst, unter Berufsadressen im Internet recherchierst oder in Berufsbüchern nachliest.

a) Gestalte diese Berufsbeschreibung wie ein Jobinterview, indem du dir mindestens zehn Fragen notierst, anhand deren das Berufsbild gut beschrieben werden kann. Notiere das Jobinterview in deinem Heft.

b) Tragt eure Einzelergebnisse vor und erstellt gemeinsam in Form einer Mindmap auf einem DIN-A3-Plakat den entsprechenden Berufssteckbrief.

2. Der Internationale Luftverkehrsassistent Tarek Vogel arbeitet am Frankfurter Flughafen für die Fluggesellschaft Happy Flight (HF) am Check-in-Schalter für Linienflüge. Er erstellt für eine Kundin, die heute zum ersten Mal fliegt, ein Flugticket (Boarding Pass) nach München.

a) Sieh dir das Flugticket an und lies die Informationen für die Passagierin heraus. Notiere dir dafür in deinem Heft Sätze, anhand deren du der Kundin die Angaben auf dem Ticket erklärst.
<u>Hinweis:</u> Nutze zur Hilfe ein englisches Wörterbuch und den vorliegenden Sitzplan.

Name of passenger
Anderson/Helena Mrs.

Flight	Board		Gate	Seat	Class
HF 7773	**12 APR**	**13:45**	**C**	**35A**	**Y**
		DEP 14:15			

0 030405 109005

From: **FRA**
To: **MUC** Baggage: **2 21**

Gate closes 15 minutes prior to departure. Please observe possible gate changes.

Bordkarte/Boarding Pass

Name of passenger
ANDERSON/HELENA MRS.

FRA
MUC
HAPPY FLIGHT

Carrier	Flight No./Class		Date
HF	**7773**	**Y**	**21 APR**

Gate	Boarding Time	Seat
C	**13:45**	**35A**

Verena Euler: Deutsch 9/10 berufsbezogen
© Auer Verlag

b) Erstelle und gestalte ein eigenes Flugticket mithilfe der folgenden Angaben und des Sitzplans.

Herr Jason Brixon bucht für den 5. September 2019 einen Flug mit der Airline Happy Flight von München nach Frankfurt. Das Flugzeug hebt um 17.35 Uhr ab. Herr Brixon muss 30 Minuten vorher am Gate B4 sein. Er benötigt wegen seines Körpergewichts einen XL-Seat mit mehr Beinfreiheit in der Economy Class und darf ein 17 kg schweres Gepäckstück mitnehmen.

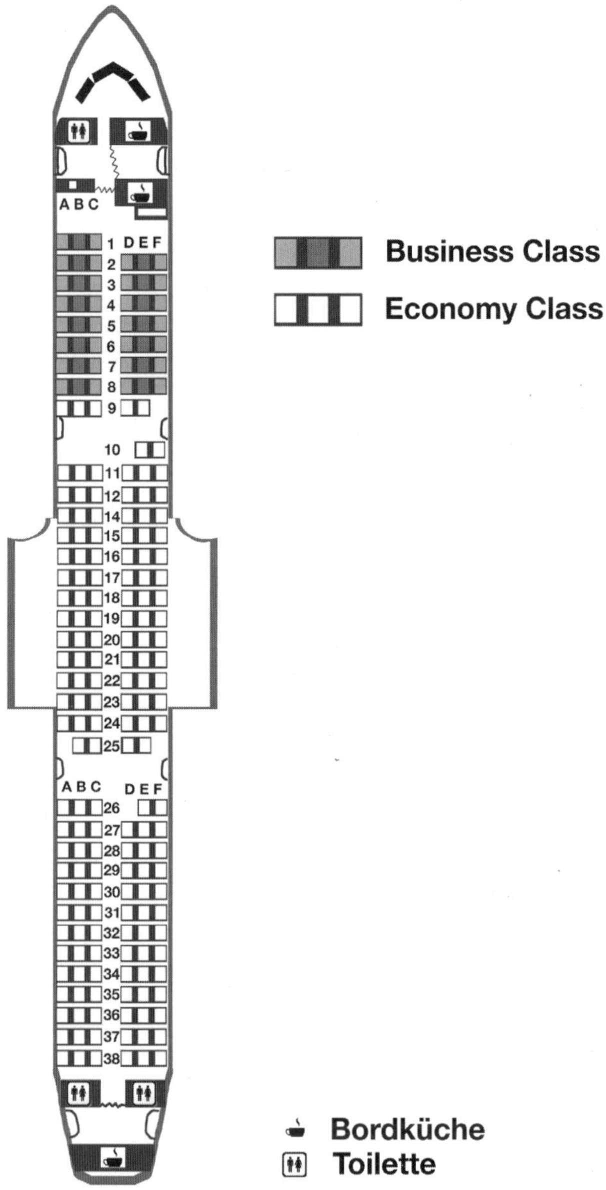

	Bordkarte/Boarding Pass
Name of passenger	Name of passenger
Flight Board Gate Seat Class	
From: To: Baggage:	Carrier Flight No./Class Date Gate Boarding Time Seat
Gate closes 15 minutes prior to departure. Please observe possible gate changes.	

0 030405 109005

Verena Euler: Deutsch 9/10 berufsbezogen
© Auer Verlag

1.2 Telefonische Verkaufsgespräche (Kaufmann/-frau für Dialogmarketing)

Was macht eigentlich ein Kaufmann/eine Kauffrau für Dialogmarketing?

Kommunikationsfähigkeit, gute Umgangsformen und Deutschkenntnisse sind für diesen Beruf wichtig. Kaufleute für Dialogmarketing arbeiten in Call-Centern, z. B. in einem Versandhaus oder bei einer Versicherungsgesellschaft, und versuchen Kunden durch Kommunikation zu werben und zu binden. Sie nehmen telefonisch Bestellungen, Kundendatenänderungen oder auch Schadensmeldungen entgegen und beraten Kunden über die angebotenen Produkte. Trotz Hektik und manchmal verärgerter Kunden müssen Kaufleute für Dialogmarketing immer freundlich bleiben.

1. Nicole Hörer arbeitet verstärkt im Bereich des Telefonmarketings. Sie ruft Personen, die bereits Kunden sind, an, um ihnen passende Produkte oder Abos zu verkaufen. Führe das telefonische Verkaufsgespräch fort. Ziel sollte sein, dass das Telefonat mit einem positiven Ergebnis endet und Herr Neumann nicht nur eine Treuebelohnung bekommt, sondern wieder etwas kauft. Schreibe in dein Heft.

Kunde: Volker Neumann am Apparat.

Frau Hörer: Guten Tag Herr Neumann. Mein Name ist Nicole Hörer, ich rufe im Auftrag der Zeitschrift „Mein wildes Haustier“ an. Ich habe gesehen, dass Sie schon seit über fünf Jahren unsere Zeitschrift abonnieren.

Kunde: Das ist richtig, Frau Hörer. Und ich bin auch nach wie vor davon begeistert, sonst hätte ich mein Abo längst gekündigt.

Frau Hörer: Vielen Dank für Ihre nette Rückmeldung. Wie bereits gesagt, Sie gehören seit mehr als fünf Jahren zu unserem Kundenstamm. Für diese Treue und das uns entgegengebrachte Vertrauen möchten wir uns bei Ihnen bedanken. Deshalb …

2. Simeon Zorn ist im ersten Ausbildungsjahr als Kaufmann für Dialogmarketing beim Onlineshop „Travelcorner“ tätig. Heute hat er eine telefonische Reklamation entgegengenommen, die sein Chef inszeniert hat, um zu testen, wie er solche Gespräche führt.

a) Du bist nun Simeons Chef. Wie würdest du das Gespräch bewerten? Berücksichtige dabei, wie sich Simeon gegenüber dem Kunden verhält. Erkläre, welche Reaktionen und Äußerungen deiner Meinung nach angebrachter wären. Äußere dich mündlich.

Herr Zorn: Guten Tag, herzlich willkommen beim Onlineshop „Travelcorner“. Mein Name ist Simeon Zorn, was kann ich für Sie tun?

Kunde: Guten Tag, hier spricht Harald Rat. Ich habe bei Ihnen am 17.5.2019 einen blauen Reisekoffer in der Größe Fünf mit vier Rollen bestellt. Leider wurde mir ein kleiner roter Koffer mit Tragegurt und zwei Rollen geliefert. Den Koffer brauche ich spätestens morgen früh, da dann mein Flieger in den zweiwöchigen Urlaub geht.

Verena Euler: Deutsch 9/10 berufsbezogen
© Auer Verlag

Herr Zorn: Das ist bedauerlich! Bis morgen kann ich Ihnen keinen Ersatz beschaffen. Ich entnehme aber dem Bestellvorgang, dass Sie den ausgelieferten Koffer bei uns vor einer Woche bestellt haben.

Kunde: Aber nicht diesen hier! Wie gesagt, Größe Fünf mit vier Rollen und nicht in der Farbe. Da haben Sie einen Fehler gemacht, Herr Born!

Herr Zorn: Moment Mal! Bei mir haben Sie definitiv nicht Ihre Bestellung aufgegeben. Vielleicht haben Sie meinem Kollegen auch die falsche Artikelnummer genannt! Sie können sich ja noch nicht mal meinen Namen merken. Ich heiße Zorn.

Kunde: Ob Born oder Zorn, wie auch immer. Das haben wir gleich. Auf meinem Zettel steht hier die Artikelnummer 50357-2.

Herr Zorn: Also der Fehler liegt ganz klar bei Ihnen. Ich bekomme auf dem Bildschirm die 50357-3 angezeigt. Vielleicht haben Sie undeutlich gesprochen. Ich finde schon, dass Sie etwas nuscheln.

Kunde: So eine Frechheit! Vielleicht müssen Sie oder Ihr Kollege mal zum Ohrenarzt. Und was ist mit den Versandkosten von 5,99 €? Habe ich die etwa auch zu zahlen? Ich werde ja den Koffer nicht behalten, sondern retournieren.

Herr Zorn: Ja, da Sie den Artikel bestellt haben.

Kunde: Herr Zorn, das ist doch nicht Ihr Ernst, dass ich für Ihren Fehler auch noch bezahlen soll!

Herr Zorn: Also nochmal, der Fehler liegt ganz klar bei Ihnen. Ich sehe hier eine andere Artikelnummer aufleuchten.

Kunde: Das ist doch wohl die Höhe! Ich werde mich über Sie beschweren. Nicht nur, dass Sie mich beleidigen, sondern mir auch unterstellen, dass ich etwas Falsches bestellt habe.

Herr Zorn: Bleiben Sie bitte sachlich und fahren Sie einen Gang runter! Ich sehe gerade, dass Sie ja eine Bonuskarte besitzen. Somit müssen Sie die Versandkosten nicht zahlen. Und wenn Sie innerhalb der nächsten 24 Stunden einen neuen Artikel bei uns bestellen, dann fallen auch keine Versandkosten an.

Kunde: Sagen Sie mal, wie reden Sie eigentlich mit mir? Und vielleicht sollten Sie mal zum Augenarzt, wenn Ihnen mein Bonuskartenstatus erst jetzt auffällt. Und bestellen werde ich in nächster Zeit nichts mehr. Ich schicke den Koffer zurück und mehr möchte ich nicht. Das bringt mir für meine Urlaubsreise eh nichts mehr.

Herr Zorn: Gut, Herr Rat, dann sind wir wohl mit unserem netten Telefonat am Ende.

Kunde: Herr Zornig, Sie müssen noch viel im Umgang mit Kunden lernen. Auf Wiederhören.

b) In jedem Kundentelefonat kommen bestimmte Höflichkeitsformeln vor. Überlege dir mindestens vier Beispielsätze und notiere diese in deinem Heft. Tauscht euch anschließend in der Klasse aus.

c) Heute ist Ellas erster Ausbildungstag. Bevor sie Kundentelefonate führen wird, muss sie noch bestimmte Verhaltensregeln kennenlernen. Notiere in deinem Heft mindestens zehn allgemeine Verhaltensregeln für Telefongespräche.

Verena Euler: Deutsch 9/10 berufsbezogen
© Auer Verlag

1.3 Betreuen und Unterstützen (Altenpfleger/-in)

Was macht eigentlich ein Altenpfleger/ eine Altenpflegerin?

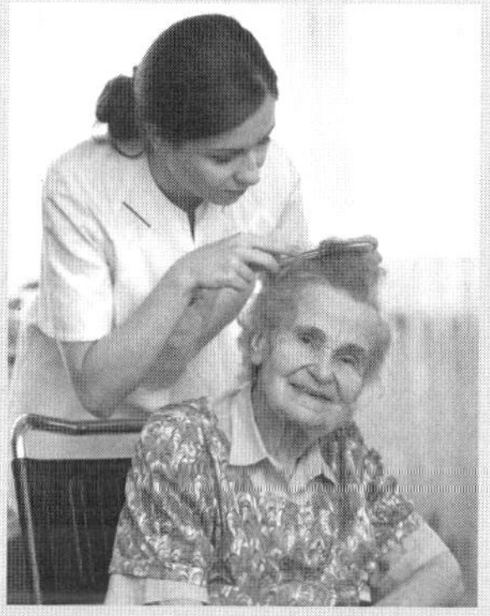

In diesem Beruf betreut und pflegt man hilfsbedürftige und meist ältere Menschen, entweder ambulant (Hausbesuche) oder stationär (Seniorenheim). Altenpfleger/-innen helfen bei der Körperpflege, beim Essen oder Anziehen, geben Medikamente, begleiten die Patienten aber auch zu Behörden oder Ärzten. Ihre medizinischen Leistungen dokumentieren sie genau. Trotz großem Zeitdruck müssen sie immer ein offenes Ohr für die Anliegen der Pflegebedürftigen und deren Familienangehörige haben und ihnen mit Rat und Tat zur Seite stehen. Da man in diesem Beruf viel über den menschlichen Körper wissen muss, benötigt man gute Biologiekenntnisse. Für Behördengänge, offizielle Schreiben, die Aktenführung und die medizinische Dokumentation sind auch gute Deutschkenntnisse wichtig.

1. Frau Liebmann ist seit drei Wochen stationär im Pflegeheim „Lebensabend". Sie hat keine Angehörigen mehr. Die Verwaltung des Pflegeheims hat einen Antrag auf Pflegeleistungen bei der Pflegekasse gestellt. Nun hat sich der Medizinische Dienst der Krankenversicherung (MDK) zur Begutachtung von Frau Liebmann angekündigt, um sie dann in den entsprechenden Pflegegrad eingruppieren zu können. Die Altenpflegerin Alvira Malchewsky betreut Frau Liebmann und unterstützt sie in dieser Angelegenheit.

Versuche mittels Internetrecherche, die Fragen von Frau Liebmann zu beantworten. Schreibe das Gespräch in dein Heft.

Frau M: Frau Liebmann, Sie sind nun seit drei Wochen bei uns. Wie Sie wissen, muss Ihr Pflegegrad noch festgestellt werden. Deshalb haben wir mit Ihrer Krankenkasse Kontakt aufgenommen, deren Medizinischer Dienst morgen zu uns kommt. Haben Sie zu diesem Termin noch Fragen?
Frau L: Was ist der Grund für diesen Termin? Was ist dieser Pflegegrad?
Frau M: (...)
Frau L: Wie lange dauert der Termin?
Frau M: (...)
Frau L: Nach was genau schaut der Medizinische Dienst bei mir?
Frau M: (...)
Frau L: Bin ich bei dem Termin alleine oder ist jemand dabei?
Frau M: (...)
Frau L: Wann kann ich denn mit einem Ergebnis bzw. einer Entscheidung rechnen?
Frau M: (...)

2. Frau Liebmann hat das Gutachten der Pflegekasse erhalten. Der Medizinische Dienst hat für sie den Pflegegrad 1 festgelegt, obwohl sie mindestens den Pflegegrad 2 benötigt. Da sie noch keinen Betreuer hat und noch weitere Angelegenheiten zu regeln sind, spricht Altenpflegerin Alvira Malchewsky bei der täglichen Besprechungsrunde mit dem Heimleiter, Herrn Sorger.

Verena Euler: Deutsch 9/10 berufsbezogen
© Auer Verlag

1.3 Betreuen und Unterstützen (Altenpfleger/-in)

Vervollständige das lückenhafte Gespräch mit den im Kasten stehenden Wörtern.
Hinweis: Die 13 Begriffe sind ungeordnet.

Ernährung Widerspruch
Inkontinenz Betreuer
Rentenversicherung Rollator
Altersrente Sozialamt
Körperpflege Mobilität Diätplan
Rente Witwenrente

Herr S: Wie sieht eigentlich das Pflegegutachten von Frau Liebmann aus?

Frau M: Der MDK hat für sie den Pflegegrad 1 festgelegt, obwohl sie den Pflegegrad 2 benötigt. Deshalb möchte sie bei der Pflegekasse ____________________ einlegen.

Herr S: Das scheint der richtige Weg zu sein. Ich habe mit dem Amtsgericht telefoniert, damit für Frau Liebmann ein ____________________ bestellt wird. Es sind aber noch einige andere Dinge zu regeln.

Frau M: Da stimme ich Ihnen zu. Ganz dringend müssen Anträge auf ____________ ______________ gestellt werden. Dazu muss mit der ____________________ Kontakt aufgenommen werden.

Herr S: Wegen der ____________________ und der ____________________ habe ich bereits mit der entsprechenden Person der Rentenversicherung gesprochen.

Frau M: Auch mit dem zuständigen ____________________ sollten schnellstmöglich alle Angelegenheiten geklärt werden, sodass für Frau Liebmann keine finanzielle Lücke entsteht.

Herr S: Gut. Was können wir selbst in unserem Haus noch verbessern?

Frau M: Über den Tag benötigt Frau Liebmann unbedingt mehr ____________________! Dem Anschein nach leidet sie an ____________________.

Herr S: Ihre Kollegin aus der Frühschicht hat dies bereits erwähnt. Weiter scheint es auch hinsichtlich der ____________________ Schwierigkeiten zu geben.

Frau M: Ja, das ist richtig. Da Frau Liebmann etwas unsicher läuft und steht, sollten wir ihr einen ____________________ zur Unterstützung bereitstellen.

Herr S: Das ist kein Problem. Abschließend sollten wir noch klären, ob wir im Rahmen der ____________________ noch Änderungen vorzunehmen haben.

Frau M: Hier habe ich in Absprache mit den Kollegen bereits einen ____________ ______________ in Auftrag gegeben. Die Essgewohnheiten von Frau Liebmann sind nicht altersgerecht.

Herr S: Wunderbar. Dann haben wir alles Wichtige besprochen.

Verena Euler: Deutsch 9/10 berufsbezogen
© Auer Verlag

2.1 Fachwissen weitergeben (Fachangestellte/-r für Medien- und Informationsdienste der Fachrichtung Bibliothek)

Was macht eigentlich ein Fachangestellter/eine Fachangestellte für Medien- und Informationsdienste (FaMI) der Fachrichtung Bibliothek?

FaMIs der Fachrichtung Bibliothek bestellen, erfassen, verwalten und verleihen z. B. Bücher, CDs, Zeitschriften, Filme und Hörbücher in Stadt- oder Schulbüchereien, wissenschaftlichen Bibliotheken und Universitätsbibliotheken. Neben Rechercheservice und Social-Media-Beratung (E-Book, Internetnutzung) überprüfen sie neue Warensendungen, geben diese ins System ein und kümmern sich um Verleih und Rückgabe der verschiedenen Medien. FaMIs der Fachrichtung Bibliothek leiten aber auch Bücherei- und Bibliotheksführungen für Kindergarten-, Schul- oder Studentengruppen, führen Vorlesestunden durch und organisieren Autorenlesungen.

1. Als FaMI der Fachrichtung Bibliothek muss Ivo bestimmte Fachbegriffe kennen.

a) Erkläre die sechs Fachbegriffe aus dem Kasten. Nutze zum Nachschlagen Bücher oder das Internet. Schreibe in dein Heft.

(1) Autor (2) Pseudonym
(3) Verlag (4) Impressum
(5) Herausgeber (6) ISBN

b) Ivo benötigt auch ein gutes Fach- und Allgemeinwissen. Beispielsweise muss er wissen, wann Autoren geboren sind, ob sie noch leben und welcher literarischen Epoche sie zuzuordnen sind. Schlage in einem Lexikon oder einer Literaturgeschichte das Geburts- und, falls sie bereits verstorben sind, das Sterbedatum der folgenden Autoren nach. Notiere auch die Literaturepoche, in der sie gewirkt haben. Beginne mit dem Ältesten.

Hans Christian Andersen | Mascha Kaleko

Erich Kästner | Peter Härtling | Johann Wolfgang von Goethe

Walther von der Vogelweide | Bernhard Schlink

Verena Euler: Deutsch 9/10 berufsbezogen
© Auer Verlag

2.1 Fachwissen weitergeben (Fachangestellte/-r für Medien- und Informationsdienste der Fachrichtung Bibliothek)

2. Wer in diesem Beruf arbeitet, der muss auch Textsorten und deren Merkmale kennen und unterscheiden.

a) Lies dir den Informationstext durch und erstelle anschließend in deinem Heft ein Schaubild über „Texte“.

Texte

....

Grundsätzlich kann zwischen fiktionalen (erdachten, erfundenen) und nicht fiktionalen (Tatsachen, der Wirklichkeit entsprechenden) Texten unterschieden werden. Unter den Begriff „fiktionale Texte“ fallen alle literarischen Texte. Zu den nicht fiktionalen Texten gehören Sachtexte, triviale (alltägliche, unterhaltsame) Texte und Texte der Massenmedien.

Zu den literarischen Texten zählen die drei Großgattungen Epik (erzählende Texte), Lyrik (dichtende Texte) und Dramatik (szenische Texte). Unter den Begriff „Epik“ lassen sich Textsorten wie Novelle, Roman, Kurzgeschichte, Fabel und Märchen fassen. Der Lyrik werden Ballade, klassisches und modernes Gedicht, Lied und Epigramm zugeordnet. Tragödie, Komödie, Hör- und Schauspiel gehören in die Gattung Dramatik.

Sachtexte können u. a. Gebrauchsanweisungen, Fachzeitschriften, Sachbücher, Wörterbücher und Lexika sein. Aber auch Gesetze oder Werbeanzeigen fallen darunter. Witze, Rätsel, Comics, Schlagertexte oder Unterhaltungsromane finden sich unter dem Begriff „triviale Texte“. Texte der Massenmedien umfassen beispielsweise Interviews, Reportagen, Kommentare, Glossen sowie Hör- und Drehbücher, da in diesem Bereich Presse, Fernsehen und Radio zusammengefasst werden.

b) Lies dir die folgenden Textanfänge durch. Um welche Textsorte handelt es sich jeweils? Begründe deine Entscheidung schriftlich anhand von zwei Merkmalen und schreibe in dein Heft.

Kurzgeschichte

Fabel Nacherzählung

Beschreibung Märchen

Leserbrief Tagebucheintrag

Erlebnisbericht

Verena Euler: Deutsch 9/10 berufsbezogen
© Auer Verlag

2.1 Fachwissen weitergeben (Fachangestellte/-r für Medien- und Informationsdienste der Fachrichtung Bibliothek)

① Es war einmal ein armer Bauer, dessen Äcker keine Erträge mehr einbringen wollten und der nicht wusste, wie er aus seiner schwierigen Lage herauskommen sollte. Er hatte schon sein gesamtes Vieh verkauft, bis auf seinen alten Hahn Fritz. Von jenem konnte und wollte er sich nicht trennen. Als Nächstes würde er sein Haus und seine Äcker verkaufen müssen. Viel würde er dafür nicht bekommen. Der König war ein sehr ungerechter und habgieriger Mensch. (…)

② Da stand sie nun am Tor und starrte auf das große Firmengebäude. Lea spürte ihr Herz bis zum Hals schlagen. Sie sah einen Pförtner an der Schranke und zögerte. Sie war in ihre Gedanken vertieft und rang mit einer Entscheidung. Das Vorstellungsgespräch begann in zwanzig Minuten und sie wollte doch den Ausbildungsplatz unbedingt haben. (…)

③ Am 10.09.2011, einem Samstagabend, lief uns eine kleine Katze zu. Ich sollte wie immer den Müll herunterbringen und entdeckte dabei eine kleine Katze, die zwischen den Mülltonnen Schutz gesucht hatte. Ich nahm sie auf meinen Arm und trug sie in mein Zimmer. Meine Mutter sollte zunächst nichts mitbekommen. Am nächsten Morgen stieg ich verschlafen aus meinem Bett und ging ins Bad. Dabei ließ ich die Tür wie gewöhnlich offen. (…)

④ Im Gegensatz zum Verfasser des Artikels „Warum eine beleuchtete Rosengasse?“, vom 5. Oktober 2011, möchte ich die Wichtigkeit dieser Straßenbeleuchtung unbedingt hervorheben. Besonders für ältere Menschen und auch für weibliche Spaziergänger ist es wichtig, dass die Stadt die beiden Straßenlampen aufgestellt hat. Dadurch wird nicht nur die Sturzgefahr verringert, sondern auch die Gefahr, dass einem jemand in der dunklen Gasse auflauern kann, eingeschränkt. (…)

3. Zum Aufgabenbereich eines FaMI der Fachrichtung Bibliothek gehören auch Bibliotheksführungen oder Lesungen. Plant mit eurer Klasse ein Schulevent, das diese beiden Tätigkeiten aufgreift. Hier sind einige Anregungen:

- Einführungen in die eigene Schülerbücherei für die fünften Klassen
- Lesungen z. B. am Tag der offenen Tür
- Bibliotheksnacht
- Bibliotheksquiz
- Buchpräsentationen in anderen Jahrgängen
- Einrichtung eines „Literaturcafés“, in dem selbst geschriebene Texte vorgetragen werden

Verena Euler: Deutsch 9/10 berufsbezogen
© Auer Verlag

2.2 Konzepte erstellen und präsentieren (Veranstaltungskaufmann/-frau)

Was macht eigentlich ein Veranstaltungskaufmann/eine Veranstaltungskauffrau?

Veranstaltungskaufleute planen alles von A bis Z und führen Veranstaltungen/Events aller Art (Konzerte, Ausstellungen, Messen) durch. Damit alles reibungslos abläuft, erstellen sie Ablauf- und Regiepläne und entwickeln Marketing- und Werbekonzepte nach Kundenwunsch. Hierbei haben sie veranstaltungstechnische Anforderungen und Vorschriften zu berücksichtigen. Zu guter Letzt behalten sie auch im Blick, ob sich ihr Konzept finanziell lohnt – sich Geld damit verdienen lässt.

1. Der Veranstaltungskaufmann Herr Kopf hat mit seinem Team den Auftrag, eine Ausbildungs- und Praktikumsmesse zu organisieren.

a) Sammle deine Ideen und halte diese in einem Cluster fest.
b) Tauscht eure Ideen in einem Klassengespräch aus und entwerft gemeinsam eine Mindmap.
c) Gestaltet in Kleingruppen ein Werbeplakat und einen Werbeflyer.
d) Überlegt euch einen passenden Slogan und Werbetext.
e) Die fertigen Konzepte werden den anderen Gruppen präsentiert.

2. Die Auszubildenden Zaid und Shaleen sollen folgende Werbeslogans sprachlich untersuchen.

a) Ordne in deinem Heft die sieben Slogans einem der sprachlichen Mittel (Alliteration, Reim, Fremdwörter, Ellipse, Rhetorische Frage, Wortneuschöpfung, Personifikation) zu.

① The Freshmaker ② Natürlich nasch ich. ③ Du bist, was du isst.
④ Sind Sie on? ⑤ Alles super. ⑥ Framstag
⑦ Der Käse, der aus der Reihe tanzt

b) Finde für jedes der genannten sprachlichen Mittel einen bekannten oder eigenen Werbeslogan. Schreibe in dein Heft.

Verena Euler: Deutsch 9/10 berufsbezogen
© Auer Verlag

2.2 Konzepte erstellen und präsentieren (Veranstaltungskauf- mann/-frau)

3. AIDA ist ein Initialwort für ein Werbewirkungsprinzip. Die Buchstaben bezeichnen vier Phasen, die die Konsumenten durchlaufen sollen, bevor sie ihre Kaufentscheidung fällen.

a) Recherchiere den Begriff im Internet. Beschreibe in deinem Heft, was die Werbewelt mit den einzelnen Buchstaben der AIDA-Formel verbindet und was damit gemeint ist.
b) Suche dir eine Werbeanzeige und untersuche, inwieweit die AIDA-Formel angewendet wurde. Erkläre schriftlich, wie sie in deinem ausgewählten Beispiel umgesetzt wird.

4. Als Veranstaltungskauffrau muss Lena Schwarz Werbemechanismen durchschauen können.

a) Sieh dir die folgende Karikatur an und beschreibe sie. Deute diese anschließend in Bezug auf das Thema „Werbung manipuliert?". Schreibe in dein Heft.

b) Werbung arbeitet zwar mit Emotion, Illusion und Manipulation, darf aber nicht sämtliche Grenzen überschreiten. Wer Werbung macht, der kann nicht die rechtliche Seite, den Werberat, umgehen. Recherchiere im Internet nach passenden Informationen, um die folgenden Fragen zu beantworten. Schreibe in dein Heft.

Was regelt der Deutsche Werberat?

Welche Personen gehören ihm an?

Welche Aufgaben hat er?

Auf welche Grundlagen beruft er sich?

Verena Euler: Deutsch 9/10 berufsbezogen
© Auer Verlag

2.3 Kompetent beraten (Pharmazeutisch-technische(r) Assistent/-in)

Was macht eigentlich ein Pharmazeutisch-technischer Assistent/eine pharmazeutisch-technische Assistentin (PTA)?

PTAs überprüfen ärztliche Rezepte hinsichtlich der Wirkstoffe, Dosierungen und Zusammensetzungen, oft stellen sie aber auch anhand von Rezepturen Salben, Lösungen, Teemischungen und Säfte selbst her. Sie sorgen auch dafür, dass Medikamente nachbestellt werden und sortieren diese ein. Im Verkaufsraum führen sie Beratungsgespräche durch. Im Umgang mit den Kunden müssen sie nicht nur ihr Wissen über die Arzneistoffe und deren Wirkung anwenden, sondern sie sollten auch Einfühlungsvermögen zeigen. In diesem Beruf ist man die rechte Hand der Apotheker und unterliegt wie diese auch einer Schweigepflicht.

1. Ein Kunde möchte eine Sonnencreme kaufen. PTA Ben Froh berät ihn.

a) Lies dir zunächst den Informationstext durch.
b) Verschriftliche nun das Beratungsgespräch in deinem Heft.
c) Trage den Dialog mit einem Partner vor.

***LSF, SSF* oder *SPF*, diese Abkürzungen stehen für den Lichtschutzfaktor einer Sonnencreme**

Unser Sonnenlicht setzt sich aus 50 % Infrarotstrahlung, 40 % sichtbarem Licht und 10 % UV-Licht zusammen. Das UV-Licht besteht zu 9,5 % aus UVA- und zu 0,5 % aus UVB-Strahlen.
Wer sich schon einmal unter einer Sonnenbank – sprich einem Solarium – gesonnt hat, dessen Haut wurde der UVA-Strahlung ausgesetzt. Sie hat zwar weniger Energie als UVB-Strahlen, aber dadurch, dass sie tiefer in die Haut eindringt, ist sie für diese auch sehr schädlich.
Wenn wir über den Lichtschutzfaktor einer Sonnencreme sprechen, geht es um die UVB-Strahlung. Denn der LSF gibt Auskunft darüber, wie hoch der Schutz einer Sonnencreme gegenüber der gefährlichen UVB-Strahlung ist. Grundsätzlich gibt es keinen vollkommenen Schutz.
Die Auswahl an Sonnencremes ist riesig. Doch eine kompetente Beratung beugt an dieser Stelle Gesundheitsrisiken vor. Schließlich hat der Mensch nur eine Haut. Dabei sollten folgende Aspekte bei der Entscheidung berücksichtigt werden: Hauttyp, Sonnenstundenanzahl, Erdteil/Ort und Tageszeit.
Sechs Hauttypen sind zu unterscheiden: Typ 1 (ca. 10 Min.), Typ 2 (ca. 10–20 Min.), Typ 3 (ca. 20–30 Min.), Typ 4 (ca. 30–45 Min.), Typ 5 (ca. 60 Min.) und Typ 6 (ca. 90 Min.). Die in Klammern genannten Minutenangaben stellen die ungefähre Eigenschutzzeit der Haut in der Sonne ohne Sonnencreme dar. Daneben gibt es eine Einstufung des Lichtschutzfaktors in niedrig (6, 8, 10), mittel (15, 20, 25), hoch (30, 50) und sehr hoch (50+).

Verena Euler: Deutsch 9/10 berufsbezogen
© Auer Verlag

2.3 Kompetent beraten (Pharmazeutisch-technische(r) Assistent/-in)

Wenn man nun wissen möchte, welcher Hauttyp mit welchem LSF wie lange in der Sonne geschützt ist, dann ist diese Berechnungsformel heranzuziehen:

Minutenanzahl des Hauttyps x LSF = Schutzzeit vor Sonnenbrand in Minuten

Allerdings stellt die hiermit berechnete Zeit nur einen Mittelwert dar. Hautärzte empfehlen deshalb, diese Schutzzeit um 60 % zu reduzieren, um auf der sicheren Seite zu sein. Lieber einmal zu viel als zu wenig Sonnencreme auftragen. Unsere Haut wird es uns danken.

Hr. Froh: *(freundliche Begrüßung, Beratung anbieten)*
Kunde: Guten Tag, ich suche für mich eine passende Sonnencreme.
Hr. Froh: (...)
Kunde: Also ohne Sonnencreme aufgetragen zu haben, kann ich ca. 20 Minuten in der Sonne stehen, ohne mir einen Sonnenbrand zu holen.
Hr. Froh: (...)
Kunde: Da ich Landschafts- und Gartenbauer bin, halte ich mich die meiste Zeit draußen auf. So von morgens 8 Uhr bis nachmittags 17 Uhr. Natürlich meide ich die pralle Mittagssonne und suche bei Hitze und hoher Sonnenbelastung kühle und schattige Plätze oder Räumlichkeiten auf. Also ich denke, wenn ich in den Urlaub nach Mallorca fliege, dann benötigt meine Haut sicherlich einen höheren Lichtschutzfaktor.
Hr. Froh: (...)
Kunde: Nein, die Sonnencreme muss nicht wasserfest sein. Ich kann nicht während meiner Arbeitszeit ins Freibad oder an den Badesee gehen. Ein Fußbad ist da schon das Äußerste. Welchen Lichtschutzfaktor können Sie mir denn nun empfehlen?
Hr. Froh: (...)
Kunde: Interessant, das wusste ich nicht, dass Hautärzte empfehlen, nur 60 % von der errechneten Sonnenzeit zu wählen, und man sich dann erneut eincremen muss. Laut der von Ihnen genannten Berechnungsformel und dem empfohlenen LSF sollte ich mich nicht nach 600 Minuten, sondern bereits nach sechs Stunden wieder eincremen, oder?
Hr. Froh: (...)
Kunde: Gut. Dann hätte ich gerne diese Sonnencreme. Vielen herzlichen Dank für die kompetente Beratung.
Hr. Froh: (...)

Verena Euler: Deutsch 9/10 berufsbezogen
© Auer Verlag

2. Die PTA-Auszubildende Arnika arbeitet momentan in der Rezeptur und im Labor. Im Umgang mit chemischen Substanzen muss sie auch entsprechende Gefahrenkennzeichnungssymbole kennen.

a) Finde heraus, wofür die sechs Symbole stehen und notiere ihre Bedeutung im Heft.

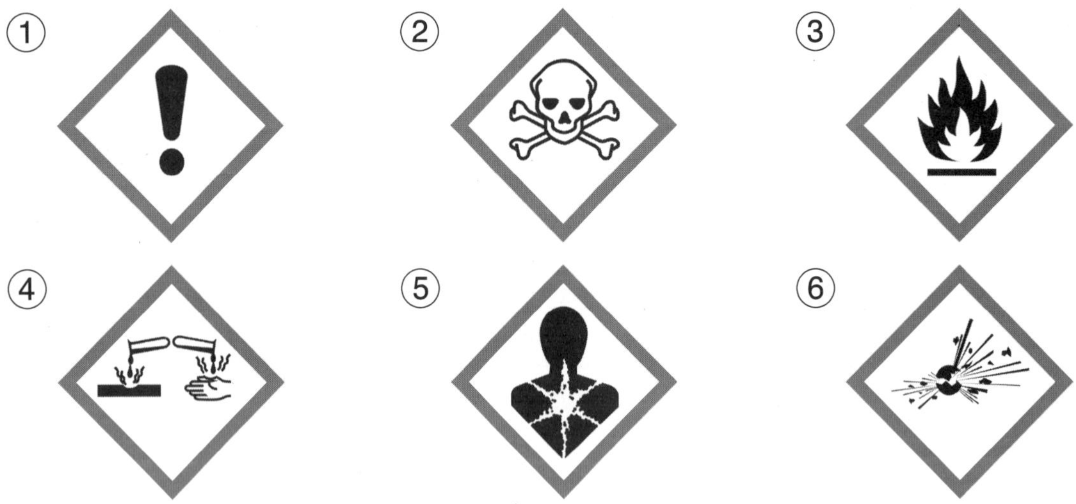

b) Alle Apotheken in Deutschland sind mit demselben Symbol gekennzeichnet. Informiere dich mittels Internet darüber, wie es zu dieser einheitlichen Kennzeichnung kam, was sie darstellt und welche historische Entwicklung sie durchlaufen hat.

3. Der Praktikant Lukas hat die Aufgabe, folgende Teemischung nach Rezept herzustellen. Da die fünf Heilkräuter nur mit lateinischen Namen angegeben sind, muss er im DRF (Deutsches Rezeptformel-Buch) nachschlagen.

PRIVAT Wiedmann Angelika 07.04.1969 Blumenweg 15 50937 Köln 947000286 274100937 03.01.2019	Dr. med. Ursula Schmidt Hausärztin Praxis: Konrad-Adenauer-Allee 153 50859 Köln Tel: 0221/499260
Rp. 100 g Spec.deflatulent./Species deflatulentes 1 Esslöffel voll mit einer Tasse heißem Wasser übergießen 20 g Florum Chamomillae 20 g Menthae piperitae folium 20 g Valerianae Radicis 20 g Carvi fructus 20 g Anisi fructus	

a) Schlage in einem Heilkräuterlexikon nach, um welche Heilkräuter es sich hierbei handelt und gegen welche Beschwerden diese Teemischung hilft. Schreibe deine Erkenntnisse in dein Heft.

b) Notiere dir auch die Wirkung der einzelnen Heilkräuter.

Verena Euler: Deutsch 9/10 berufsbezogen
© Auer Verlag

2.4 Diskontinuierliche Texte erstellen und erklären (Fachangestellte/-r für Markt- und Sozialforschung)

Was macht eigentlich ein Fachangestellter/eine Fachangestellte für Markt- und Sozialforschung?

Fachangestellte für Markt- und Sozialforschung entwickeln, optimieren und analysieren Tests, Studien und Fragebögen, die z. B. den Firmen helfen, ihre Produkte und Dienstleistungen besser zu vermarkten. Für Umfragen werden Fragetechniken und Gesprächsleitfäden entwickelt und die damit erhobenen Daten werden erfasst, aufbereitet und dem Kunden präsentiert. Hierfür benötigen Fachangestellte für Markt- und Sozialforschung Sicherheit in der Rechtschreibung, müssen Statistiken lesen und erklären können und sollten gute Englischkenntnisse mitbringen, da sie oft internationale Kundschaft betreuen.

1. Die Auszubildende Despina muss verschiedene grafische Darstellungsmöglichkeiten für Zahlen und Daten kennen.

a) Benenne die vier Darstellungsmöglichkeiten. Notiere im Heft.

① 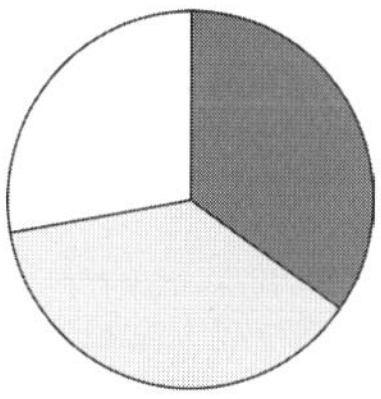

② 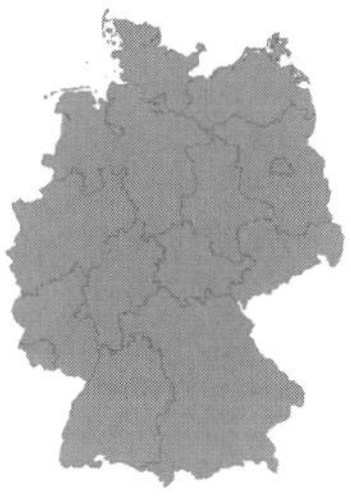

③ 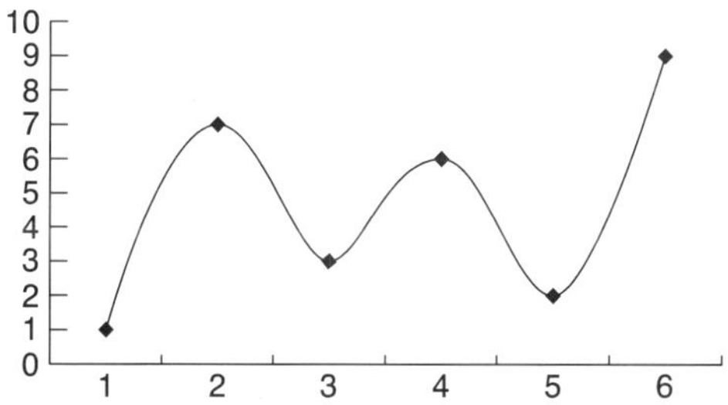

④ 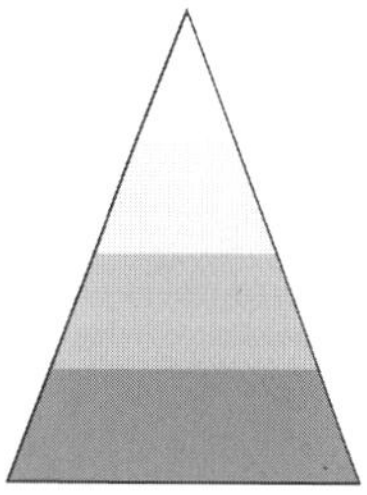

b) Stelle die genannten Darstellungsmöglichkeiten in deinem Heft grafisch dar.

Organigramm

Zyklusdiagramm Tabelle

Balkendiagramm

Kreisdiagramm Säulendiagramm

Verena Euler: Deutsch 9/10 berufsbezogen
© Auer Verlag

2.4 Diskontinuierliche Texte erstellen und erklären (Fachangestellte/-r für Markt- und Sozialforschung)

2. Drei Unternehmen haben bei dem Marktforschungsinstitut, in dem Sebastian Koch tätig ist, unterschiedliche Studien in Auftrag gegeben.

a) Sebastian soll anhand der erhobenen Daten herausfinden, wie viele Musikschüler es in den verschiedenen Bundesländern in welcher Altersgruppe gibt. Zu den ermittelten Daten hat Sebastian eine Tabelle erstellt. Entnimm dieser die Informationen, die sein Auftraggeber wissen möchte. Schreibe vollständige Antwortsätze in dein Heft.

Schüler in Musikschulen nach Ländern und Altersgruppen 2017							
Land	Schüler insgesamt	Davon im Alter von … bis unter … Jahren					
		unter 6	6 bis 10	10 bis 15	15 bis 19	19 und mehr	Alter unbekannt
	Anzahl	%					
Deutschland	1 451 496	16,7	32,0	25,4	10,3	9,9	5,7
Baden-Württemberg	299 270	19,2	28,7	27,6	11,2	6,7	6,6
Bayern	197 060	14,6	33,3	26,4	10,6	10,4	4,8
Berlin	58 180	21,6	20,4	20,4	9,8	19,2	8,6
Brandenburg	47 513	18,6	25,6	27,0	11,6	12,3	4,9
Bremen	4 226	11,8	24,8	28,7	14,1	11,0	9,7
Hamburg	25 098	8,5	52,2	20,3	7,7	3,3	8,0
Hessen	95 173	16,3	28,8	27,7	10,1	13,7	3,4
Mecklenburg-Vorpommern	23 452	15,1	26,5	27,1	15,2	13,5	2,5
Niedersachsen	145 594	23,5	28,9	23,4	8,8	9,5	6,0
Nordrhein-Westfalen	335 396	12,4	41,2	22,6	8,2	8,4	7,1
Rheinland-Pfalz	56 768	20,1	24,4	26,3	11,5	12,4	5,3
Saarland	8 889	21,5	33,4	21,9	10,2	11,2	1,8
Sachsen	64 475	17,2	31,6	27,4	13,7	7,9	2,2
Sachsen-Anhalt	24 119	15,2	26,8	28,5	13,7	13,1	2,8
Schleswig-Holstein	37 896	14,9	24,3	27,4	10,6	18,6	4,3
Thüringen	28 387	13,8	29,3	29,2	14,7	12,1	0,9

Zahlen nach Verband deutscher Musikschulen e. V.

① Wie viele Schüler besuchen in NRW eine Musikschule?
② Bei wie viel Prozent der Schüler in Sachsen ist das Alter unbekannt?
③ Aus wie vielen Tabellenspalten lässt sich eine Altersgruppe ablesen?
④ Wie viel Prozent der Schüler unter sechs Jahren gehen in Hessen in eine Musikschule?
⑤ Welches Bundesland zählte 2017 die wenigsten Musikschulbesuche?
⑥ Welches Bundesland steht beim Besuch einer Musikschule von Jugendlichen im Alter zwischen 15 und 19 Jahren an zweiter Stelle?

Verena Euler: Deutsch 9/10 berufsbezogen
© Auer Verlag

⑦ Welches Bundesland zählt die mit Abstand prozentual meisten Besuche in einer Musikschule in der Altersgruppe der Sechs- bis Zehnjährigen?

⑧ In welchem Bundesland gehen weniger als 1,8 % der Schüler, deren Alter unbekannt ist, in eine Musikschule?

b) Sebastian muss das Säulendiagramm analysieren. Er soll herausfinden, wie viele Mädchen und Jungen den jeweiligen Hobbys nachgehen. Lege dazu in deinem Heft eine dreispaltige Tabelle an und trage darin die Daten aus dem Diagramm ein.

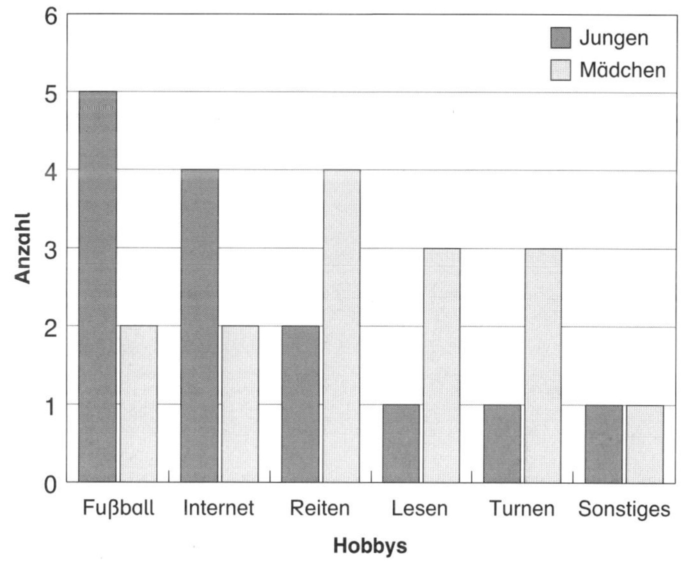

c) Eine Schuldnerberatung hat folgende Thesen aufgestellt. Sebastian soll nun herausfinden, ob diese richtig sind. Überprüfe sie anhand des Balkendiagramms, das er auf Grundlage einer Umfrage erstellt hat. Notiere nur die wahren Aussagen in deinem Heft.

Hauptauslöser von Überschuldung 2014
in %

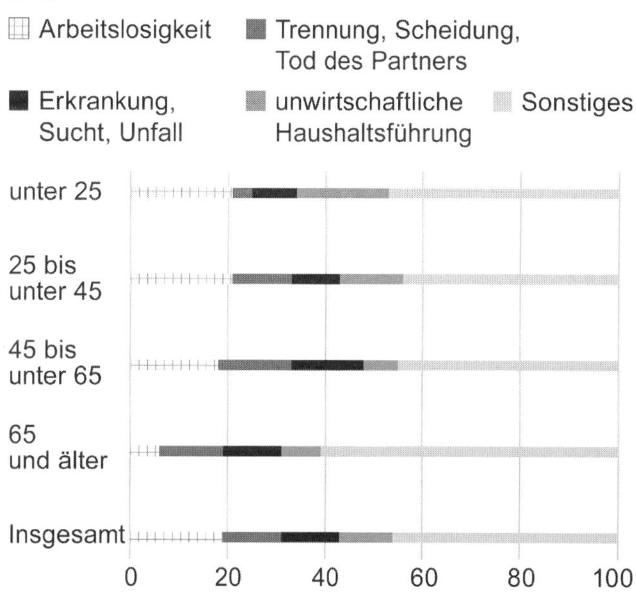

© Statistisches Bundesamt, Wiesbaden 2015

① Hauptauslöser von Überschuldung bei unter 25-Jährigen sind Arbeitslosigkeit und unwirtschaftliche Haushaltsführung.

② Bei der Altersgruppe 25 bis unter 45 Jahren liegt die Arbeitslosigkeit, als Hauptauslöser von Überschuldung, bei über 30 %.

③ Unwirtschaftliche Haushaltsführung ist bei den 45- bis unter 65-Jährigen der Hauptauslöser von Überschuldung.

④ Insgesamt sind Trennung, Scheidung und Tod des Partners mit über 30 % Hauptauslöser von Überschuldung.

⑤ Bei 65-Jährigen und älteren Personen hat die Arbeitslosigkeit die geringste Auswirkung auf Überschuldung.

⑥ Bei den 45- bis unter 65-Jährigen ist unwirtschaftliche Haushaltsführung Hauptursache von Überschuldung.

⑦ Bei unter 25-Jährigen und 25- bis unter 45-Jährigen ist die Arbeitslosigkeit mit über 20 % einer der Hauptauslöser von Überschuldung.

⑧ Erkrankung, Sucht und Unfall sind die dritthäufigste Ursache für eine Überschuldung bei unter 25-Jährigen.

Verena Euler: Deutsch 9/10 berufsbezogen
© Auer Verlag

2.4 Diskontinuierliche Texte erstellen und erklären (Fachangestellte/-r für Markt- und Sozialforschung)

3. Wähle zwei verschiedene Möglichkeiten, wie die folgenden Prozentangaben zum Thema „Aufnahme und Behalten von Informationen" grafisch dargestellt werden können. Setze diese in deinem Heft um.

Aufnehmen und Behalten in Prozent	20	30	50	70	90
Lernweg	hören	anschauen, mitlesen	hören, lesen, anschauen	selbst vortragen	aktives Handeln

4. Dana, eine Fachangestellte für Markt- und Sozialforschung, soll die folgende Textinformation in ein Säulendiagramm umwandeln. Lies dir zunächst den Text durch. Überlege dir, wie du die Fakten visualisierst und finde eine passende Überschrift. Schreibe in dein Heft.

Seife

Im Mittelalter war die Seifenherstellung ein Geschäft, an dem sich immer mehr Händler beteiligten, da dieses Luxusprodukt sehr begehrt war und sich viel Geld damit verdienen ließ. Es war nur für wenige Reiche erschwinglich. 1549 löste eine Schachtel mit Seife, die der Prinzessin von Jülich überreicht wurde, eine Sensation aus. Überliefert ist auch das Begleitschreiben zu einem Stück Seife aus Italien, das 1672 der Gräfin von Schleinitz geschickt wurde. Es handelte sich dabei um eine Gebrauchsanleitung.

Erst Ende des 18. Jahrhunderts konnte Seife in größeren Mengen und kostengünstig hergestellt werden, da es nun möglich war, den Grundstoff Soda einfach zu produzieren. Zu dieser Zeit setzte sie sich in der breiten Bevölkerung durch. Viele Menschen, vor allem die gering verdienenden, konnten sich aber immer noch keine Seife leisten, weder für die Körperpflege noch zum Kleiderwaschen.

Im 19. Jahrhundert schrieb der Chemiker Justus Liebig, der Wohlstand eines Landes lasse sich an seinem Seifenverbrauch ablesen. In dieser Zeit entstanden öffentliche Brausebäder für die unteren Bevölkerungsschichten. Das Motto lautete: „Jedem Deutschen wöchentlich ein Bad!" Die persönliche Hygiene wurde nun offiziell als gesundheitsfördernd unterstützt.

Heute werden weltweit knapp 9 Millionen Tonnen Seife produziert. Deutschland verbraucht davon über 120 000 Tonnen, bei konstantem Bedarf.

Eine Statistik von 1968 bescheinigte den Deutschen einen jährlichen Pro-Kopf-Verbrauch an Seife von 780 g. Im europäischen Vergleich liegen die Deutschen damit an vierter Stelle. Vor ihnen rangieren die Niederländer mit 820 g und die Dänen mit 850 g Seifenverbrauch pro Person und Jahr. Angeführt wird die Liste von Großbritannien, das 1 060 g Seife jährlich pro Kopf verbraucht.

Verena Euler: Deutsch 9/10 berufsbezogen
© Auer Verlag

2.5 Piktogramme verstehen (Gebäudereiniger/-in)

Was macht eigentlich ein Gebäudereiniger/eine Gebäudereinigerin?

Vom Autopolster über Glasfassaden und Toiletten bis hin zu Bodenfliesen – Gebäudereiniger/-innen machen vieles sauber und arbeiten an verschiedenen Orten, wie z. B. in Krankenhäusern, Bürogebäuden, Wohnanlagen oder Industriebetrieben. Sie erstellen selbst Arbeitspläne und wählen für ihren Reinigungsauftrag passende Maschinen, Geräte und chemische Mittel aus, um Materialschäden zu vermeiden. Besonders bei der Wahl der Reinigungschemie steht nicht nur die Reinigungseffektivität im Vordergrund, sondern auch der eigene Schutz und der Umweltschutz. Gebäudereiniger/-innen müssen gute Chemiekenntnisse mitbringen, entsprechende Gefahrenhinweise beachten und Piktogramme verstehen.

1. Bevor Herr Saubermann mit seinem Team Reinigungsaufträge durchführt, stellt er die passenden Reinigungsgeräte und -mittel sowie die Schutzmaßnahmen für den Auftrag in einem Plan zusammen.

a) Entnimm den drei Reinigungsanweisungen in der Tabelle, was und mit welchem Hilfsmittel zu reinigen ist und wie sich das Team von Herrn Saubermann dabei schützen sollte. Notiere vollständige Sätze in deinem Heft.

Was ist zu erledigen?	**Was benötige ich?**	**Wie schütze ich mich selbst?**

		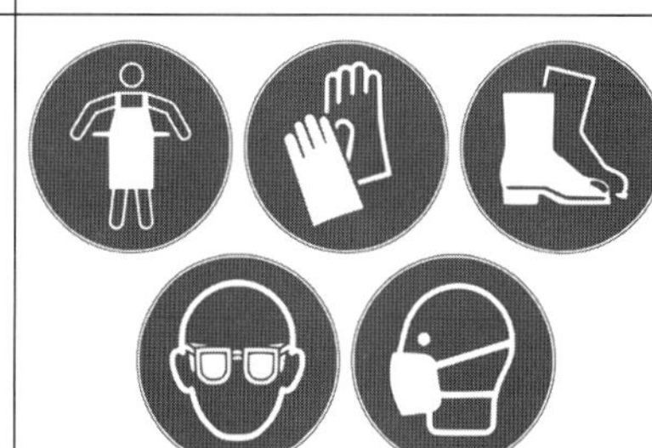
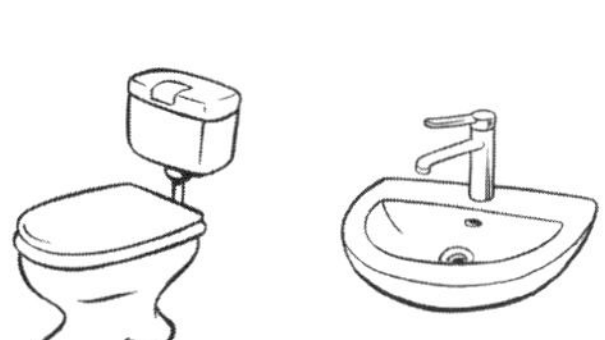		

Verena Euler: Deutsch 9/10 berufsbezogen
© Auer Verlag

b) Da es sich bei Reinigungsmitteln um sogenannte Reinigungschemie handelt, müssen Gebäudereiniger/-innen bei deren Verwendung die entsprechenden Hinweiszeichen kennen, um sich und die Umwelt entsprechend zu schützen. Was bedeuten die folgenden Zeichen? Schreibe in dein Heft.

① 

② 

③ 

④ 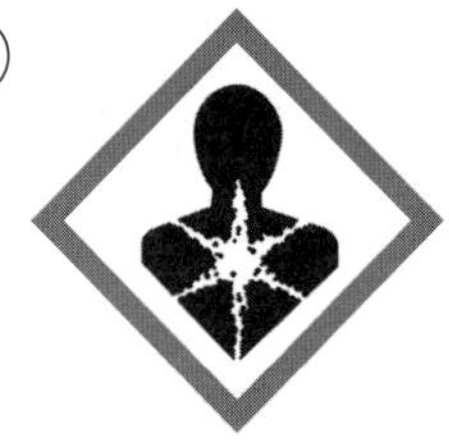

2. An jedem Arbeitsplatz gibt es Piktogramme zur Sicherheit, Gefahrenvermeidung und Orientierung. Gebäudereiniger müssen neben den speziellen Zeichen auch allgemeine kennen. Notiere in deinem Heft, welche Bedeutung die vier Zeichen haben und markiere den Schildertyp in der entsprechenden Farbe (Gebot – blau, Verbot – rot, Warnung – gelb, Hinweis/Rettung – grün).

① 

② 

③ 

④ 

3. Am ersten Tag ihres Praktikums hat Jana von ihrem Betreuer Herrn Gründlich eine Sicherheitseinweisung bekommen. Dafür wurden ihr auch diese vier Bilder gezeigt.

a) Welche Gefahren sind zu erkennen und wie lassen sie sich vermeiden? Notiere in deinem Heft.

① 

② 

③ 

④ 

b) Finde passende Piktogramme, die hier auf die Gefahren aufmerksam machen bzw. ein Fehlverhalten verhindern. Schreibe ihre Bedeutung in dein Heft und notiere auch, um welchen Schildertyp (Gebot – blau, Verbot – rot, Warnung – gelb, Hinweis/Rettung – grün) es sich handelt.
<u>Hinweis:</u> Es darf auch gezeichnet werden.

Verena Euler: Deutsch 9/10 berufsbezogen
© Auer Verlag

2.6 Informieren und Beraten (Kaufmann/-frau für Tourismus und Freizeit)

Was macht eigentlich ein Kaufmann/eine Kauffrau für Tourismus und Freizeit?

Kaufleute für Tourismus und Freizeit arbeiten z. B. in der Kur- und Tourismusinformation und versuchen, Besucher und Urlauber für die jeweilige Region zu begeistern. Sie organisieren auf die Kundenwünsche individuell zugeschnittene Angebote, wie kulturelle Veranstaltungen, Schiffsrundfahrten, Übernachtungsmöglichkeiten, Stadtführungen, Wanderungen, Bus- oder Radtouren. Dafür benötigen sie gute regionale Kenntnisse und sollten auch über geschichtliches Hintergrundwissen (z. B. zur Stadtgeschichte) verfügen. Um den Kunden ein passendes Angebot zu machen, besuchen Kaufleute für Tourismus und Freizeit selbst kulturelle Veranstaltungen, nehmen an Stadtführungen teil oder erkunden die Gegend mit Bus oder Rad. Auch Sprachkenntnisse, insbesondere Englisch, sind in diesem Beruf gefordert.

1. Hannes arbeitet bei der Touristeninformation am Marienplatz in München. Zu seinen Aufgaben gehört es, Besuchern die Sehenswürdigkeiten auf dem Stadtplan zu zeigen. Bearbeite die folgenden Aufgaben im Heft.

a) Auf der Karte ist zur Orientierung ein Quadratnetz angegeben. Ordne den sechs Sehenswürdigkeiten die passenden Angaben zu. Notiere ihre Lage im Quadratnetz in deinem Heft.

Neues Rathaus | Deutsches Museum | Feldherrnhalle

Frauenkirche | Königsplatz | Isartor

b) Finde heraus, welche bekannten Plätze/Sehenswürdigkeiten sich hinter den Angaben verstecken.

E/F1 | D/E2 | C/D4

c) Wie heißen die drei nebeneinander liegenden Brücken, die über die Isar in die Stadt führen? Gebe auch die Quadratnetzdaten an. Welche dieser Brücken führt über die Praterinsel? Schreibe in dein Heft.

Verena Euler: Deutsch 9/10 berufsbezogen
© Auer Verlag

2.6 Informieren und Beraten (Kaufmann/-frau für Tourismus und Freizeit)

© circus media GmbH

Verena Euler: Deutsch 9/10 berufsbezogen
© Auer Verlag

2.6 Informieren und Beraten (Kaufmann/-frau für Tourismus und Freizeit)

2. a) Die Auszubildende Mona begleitet Busreisegruppen zu den wichtigsten Sehenswürdigkeiten in ganz Hessen. Ihre Aufgabe besteht darin, den Gästen etwas über diese zu erzählen. Ergänze die Lücken, ggf. mithilfe des Internets, mit passenden Wörtern aus dem Kasten. Schreibe die Sätze in dein Heft.

Wiesbaden	Germania	Kassel	Fulda	Frankfurt
Herkules	Darmstadt	Limburg	Messeturm	Rüdesheim
Mathildenhöhe	Bad Hersfeld	Landtag	Dom	

① (___) thront mit seinen 70 Metern hoch über dem Bergpark Wilhelmshöhe in (___).

② Gemütlich schwebt man mit der Seilbahn von der Winzerstadt (___) über die Weinberge zum Niederwalddenkmal mit der Statue (___).

③ Spielort der bekannten Festspiele ist eine alte Stiftsruine in der gleichnamigen Stadt (___).

④ In (___) kann man die (___), eine wunderschöne Gartenanlage, bewundern.

⑤ Politische Diskussionen werden im Hessischen (___) in (___) geführt.

⑥ Der „Bleistift“, der (___), prägt das Bild der Skyline von (___).

⑦ Sowohl (___) in Osthessen, als auch (___), ist eine (___)stadt.

b) In ihrem Beruf muss Mona auch Gästefragen zu Kultur und Geschichte beantworten. Recherchiere die Antworten ggf. im Internet und schreibe vollständige Sätze in dein Heft.

① Wie heißt der 550 km lange und 1 800 Jahre alte Grenzwall der Römer, der durch Baden-Württemberg, Bayern, Hessen und Rheinland-Pfalz führt?

② Welcher deutsche Schriftsteller war zur juristischen Ausbildung in der Stadt Wetzlar am Reichskammergericht?

③ Welche zwei Brüder, die z. B. Rotkäppchen und Rapunzel schrieben, sind in Hanau geboren?

④ Welcher besondere Tag fand zum ersten Mal im Juni 1987 in der nordhessischen Kleinstadt Melsungen statt?

⑤ Welches tierische Produkt wird von Schnitzern in Erbach im Odenwald verarbeitet?

Verena Euler: Deutsch 9/10 berufsbezogen
© Auer Verlag

2.6 Informieren und Beraten (Kaufmann/-frau für Tourismus und Freizeit)

3. Herr Berg, ein Kaufmann für Tourismus und Freizeit, soll der folgenden Statistik Informationen entnehmen. Lies dir seine Aussagen durch und schreibe die richtigen in dein Heft.

Gästeankünfte, Gästeübernachtungen und durchschnittliche Aufenthaltsdauer in Hessen 1990 bis 2018

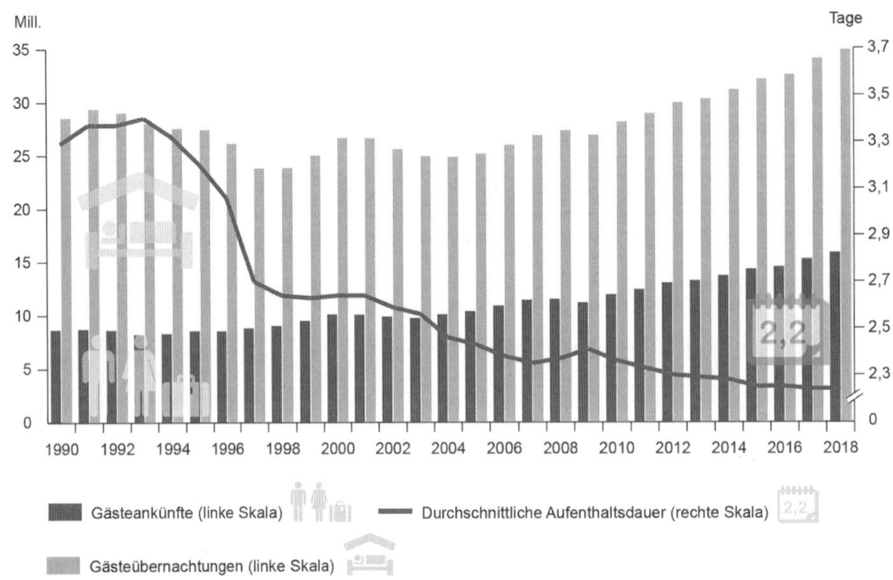

© Hessisches Statistisches Landesamt, 2019 © kanate – Fotolia.com

① Seit 1996 gibt es jedes Jahr weniger als 27 Millionen Gästeübernachtungen in Hessen.

② Die wenigsten Gästeübernachtungen gab es in den Jahren 1997 und 1998.

③ 2018 zählte Hessen die meisten Gästeübernachtungen.

④ Seit 1993 sinkt die durchschnittliche Aufenthaltsdauer in Hessen.

⑤ Im Jahr 1997 lag die durchschnittliche Aufenthaltsdauer bei ca. zwölf Tagen.

⑥ Die durchschnittliche Aufenthaltsdauer in Hessen betrug seit 2009 mehr als 2,4 Tage.

⑦ Die wenigsten Gästeankünfte gab es im Jahr 1993.

⑧ Seit 1997 gibt es in Hessen jährlich mehr als neun Millionen Gästeankünfte.

⑨ 2018 konnten in Hessen ca. 2,8 Millionen Gästeankünfte verzeichnet werden.

4. Führt eine Umfrage zum Thema „Regionales Kultur- und Freizeitangebot“ in eurer Jahrgangsstufe durch.

a) Erstellt hierzu einen passenden Fragebogen.
b) Wertet die Umfrage gemeinsam aus und stellt die Ergebnisse grafisch dar.
c) Manchmal ist das regionale Angebot auch eher unbekannt. Gestaltet ein Werbeplakat, das besonders das Interesse junger Menschen für das Kulturangebot in eurer Region weckt.

Verena Euler: Deutsch 9/10 berufsbezogen
© Auer Verlag

3.1 Formulare erstellen und bearbeiten (Koch/Köchin)

Was macht eigentlich ein Koch/eine Köchin?

Zu den Haupttätigkeiten eines Kochs/einer Köchin gehören das Ausnehmen, Braten, Kochen, Schmoren, Panieren oder Gratinieren von verschiedensten Lebensmitteln unter besonders hygienischen Bedingungen. Neben der Speisenherstellung gehört auch die Preiskalkulation dazu. Schließlich muss sich die Arbeit auch finanziell lohnen. Des Weiteren zählen das Schreiben von Rechnungen für Caterings oder andere Feierlichkeiten sowie das Bestellen und Kontrollieren von Lebensmitteln zu den Aufgaben eines Kochs/einer Köchin. In diesem Beruf arbeitet man nicht nur in Restaurants, sondern auch in Hotels, Krankenhäusern, Kantinen oder auf Schiffen.

1. Köchin Janina Kloß ist mit ihrem Genusswelt-Team von Frau Schön beauftragt worden, das zehnjährige Bestehen ihres Kosmetikstudios kulinarisch auszurichten. Frau Schön hat folgenden Bestellschein ausgefüllt, den Frau Kloß zum Erstellen ihrer Rechnung verwendet.

a) Fertige die Rechnung am PC an. Berechne auch den Endpreis inkl. 19 % Mehrwertsteuer. Drucke die Rechnung anschließend aus und vergleiche sie mit anderen Ergebnissen in deiner Klasse.

b) Entwerft gemeinsam eine Checkliste, welche formalen Bausteine eine Rechnung immer enthalten sollte. Notiere in deinem Heft.

Restaurant & Catering
Inhaberin: Janina Kloß
Magenweg 7 12789 Essbach
Tel: 078/445590 E-Mail: Genusswelt@Kloss.de Fax: 078/445591

Ein *Genuss für den Gaumen!*

Auftraggeber: *Stefania Schön, Alleenhof 55, 12890 Kammbach*
Lieferadresse: *Studio Schön sein & bleiben, Rosenweg 2, 12890 Kammbach*
Tel: *078/112245* E-Mail: *stefaniaschoen@studio.de*
Liefertermin: *18.10.2019* Uhrzeit: *12.00 Uhr* Anzahl der Personen: *50*

	Preis	Portionen
Kalte und warme Vorspeisen		
Panierter Ziegenkäse mit hausgemachter Preiselbeermarmelade	8,00 €	*26*
Kerniges Roggenschmalzbrot nach Art des Hauses, mit Meersalz bestreut	5,30 €	*13*
Knackiger Blattsalat mit Kalbfleischspieß und einem Klecks Honigsenf	7,50 €	*11*
Hauptspeisen		
Wildschweinbraten, umgeben von einem Kräutermantel auf einem Rotkohlbeet	20,50 €	*20*
Lammrücken aus der Region, serviert an einer Pfefferminzsoße mit Erbsen	22,60 €	*6*
Saftige Gänsekeule, mit Honig glasiert, und hausgemachte Knödel	17,90 €	*24*
Nachspeisen		
Knusprige Streuseltaler, getränkt in Rosenwasser und mit Puderzucker bestäubt	6,90 €	*32*
A la minute zubereitete Pfannkuchen mit Zimt und Apfelkompott	4,50 €	*18*

Unterschrift Auftraggeber: *Stefania Schön*

Verena Euler: Deutsch 9/10 berufsbezogen
© Auer Verlag

2. Der Auszubildende Pepe hat im Auftrag von Janina Kloß einige Lebensmittel bestellt. Heute wurde die Bestellung ausgeliefert. Leider ist nicht alles korrekt.

a) Überprüfe anhand des Bestell- und Lieferscheins die Warenlieferung. Liste in deinem Heft alle Fehler auf.

Bestellung: Fischhandel Fritz Angelmann
Datum: 16.10.2019 Uhrzeit: 7:30

Produkt	Menge	Gewicht/Größe
geräucherte Forelle	15	im Ganzen
Miesmuscheln	2	2 kg-Sack
Weinberg-schnecken	5	500 g-Netz
Austern	8	10 er-Kiste
Zanderfilet	20	je Stück 150 g
getrocknete Nori Algen	4	10 Blätter
Nordsee-krabben	1	3 kg-Eimer
Queller	1	350 g-Körbchen

Lieferung: Genusswelt Janina Kloß
Datum: 18.10.2019 Uhrzeit: 7:00

Produkt	Menge	Gewicht/Größe	✓
geräucherte Forelle	15	im Ganzen	
Miesmuscheln	2	2 kg-Sack	
Weinberg-schnecken	5	5000 g-Netz	
Austern	5	16 er-Kiste	
Zanderfilet	20	je Stück 150 g	
getrocknete Wakame Algen	4	10 Blätter	
Nordsee-krabben	1	3 kg-Eimer	
Queller	1	250 g-Körbchen	

b) Führe ein entsprechendes Reklamationstelefonat mit dem Lieferanten, in dem du ihm die Fehler benennst und um eine zeitnahe Richtigstellung bittest, da die Ware dringend benötigt wird. Notiere das Telefonat in deinem Heft und trage es mit einem Partner vor.

Verena Euler: Deutsch 9/10 berufsbezogen
© Auer Verlag

3.2 E-Mail-Kommunikation (Kaufmann/-frau im Groß- und Außenhandel der Fachrichtung Großhandel)

Was macht eigentlich ein Kaufmann/eine Kauffrau im Groß- und Außenhandel der Fachrichtung Großhandel?

Großhandelskaufleute verkaufen Waren aller Art. Dafür kalkulieren sie Preise, prüfen Warenbestände, geben Angebote ab und bearbeiten Reklamationen. Sie müssen das Verkaufsprodukt gut kennen und kontrollieren, ob es auf Lager ist, um es dem Kunden termingerecht liefern zu können. Somit sitzen sie nicht nur im Büro, sondern gehen z.B. auch in die Lagerhalle, um den Warenbestand zu überprüfen. Auch Beratungstermine vor Ort beim Kunden sind keine Seltenheit, auch wenn vorwiegend der Kontakt per Telefon, Fax oder E-Mail gepflegt wird. Um Kundenanfragen zu beantworten und Beratungsgespräche zu führen, sollten Großhandelskaufleute redegewandt sein und eine klare Ausdrucksweise in Wort und Schrift haben.

1. Herr Zügig arbeitet als Kaufmann für den Blumengroßhandel Dornenbusch, bei dem der Hotelbesitzer Valentin Tag wöchentlich Blumen bestellt. Für einen bevorstehenden Charity-Abend hat Herr Zügig folgende Bestellung notiert, um abzuklären, ob die Ware vorhanden ist und termingerecht geliefert werden kann.

Bestellung

Kunde: Valentin Tag, Hotel Metropol	Tel: 0987/4466331
Bestelldatum: 08.04.2019	Auslieferung am: 13.04.2019
Orchideen weiß 150	Hortensien blau 100
rosafarbene Anemonen 400	Rosen in zartem Rosa 300
Callas weiß 90	

Leider muss er Herrn Tag benachrichtigen, dass sich der Liefertermin verschiebt und sich der Endpreis ändert, weil der Einkaufspreis für die Rosen erhöht wurde. Außerdem schlägt er Herrn Tag Tulpen als Ersatz für Hortensien vor, da die gewünschte Blume in dieser Jahreszeit nicht zu beziehen ist.

a) Benachrichtige den Hotelier per E-Mail über die Änderungen. Fehlende Angaben darfst du frei erfinden. Schreibe in dein Heft.

Oder: Wenn es dir möglich ist, dann nutze dafür ein Mailprogramm am PC. Drucke die E-Mail anschließend aus oder sende sie an deinen Lehrer.

Verena Euler: Deutsch 9/10 berufsbezogen
© Auer Verlag

3.2 E-Mail-Kommunikation (Kaufmann/-frau im Groß- und Außenhandel der Fachrichtung Großhandel)

An...	
Cc...	
Betreff	
Datum	

b) Valentin Tag beantwortet die E-Mail. Wähle Variante 1 oder 2 aus. Nutze entweder dein Heft oder ein Mailprogramm am PC.

Variante 1: Herr Tag storniert den Auftrag, weil er diese Kompromisse nicht eingehen möchte.
Variante 2: Herr Tag lässt den Auftrag bestehen, verdeutlicht aber, dass ihm die Ware dann an dem neuen Liefertermin zur Verfügung stehen muss.

2. Das Unternehmen Wassermann & Söhne sucht zum 1. September 2019 neue Auszubildende. Die Schülerin Anka Klein möchte eine Ausbildung zur Kauffrau im Groß- und Außenhandel machen und bewirbt sich auf die Stellenanzeige.

Unser Sanitärgroßhandel Wassermann & Söhne sucht ab 1. September 2019

eine/-n Auszubildende/-n
zur/zum Kauffrau/-mann im Groß- und Außenhandel

Was Sie mitbringen sollten:
- mindestens einen guten Hauptschul- oder Realschulabschluss
- Kommunikations- und Organisationsstärke
- gute Rechtschreibkenntnisse und Textsicherheit
- eine strukturierte und sorgfältige Arbeitsweise
- Kontaktfreudigkeit im Umgang mit Kunden, Fahrern und Unternehmen
- Offenheit, Flexibilität und Teamgeist
- gute PC-Kenntnisse

Aussagekräftige und vollständige Bewerbungsunterlagen per E-Mail bis spätestens 17. Juni 2019 bitte an unseren Personalleiter Herrn Bus (Bernhard.Bus@WundS.de) senden.

a) Da der Umgang mit neuen Kommunikationsmedien in diesem Beruf wichtig ist, muss sie eine E-Mail-Bewerbung anfertigen. Schreibe in dein Heft oder verfahre, wenn möglich, wie in Aufgabe 1a beschrieben.

Verena Euler: Deutsch 9/10 berufsbezogen
© Auer Verlag

3.2 E-Mail-Kommunikation (Kaufmann/-frau im Groß- und Außenhandel der Fachrichtung Großhandel)

b) Auch Olf Herbst hat sich auf die Stelle beworben. Leider sind ihm einige Fehler (äußere Form, Inhalt, Rechtschreibung, Ausdruck) unterlaufen. Finde alle fehlerhaften oder unpassenden Wörter bzw. Textstellen und kommentiere sie in deinem Heft.

An...	Bernhard.Bus@WundS.de
Cc...	
Betreff	Bewerbung
Datum	17.06.2019, 10:15

Sehr geehrte Damen und Herren,

Durch Zufall hat meine Mutter ihre Stellenanzeige gefunden und somit bewerbe ich mich nun auf den Posten des Kaufmanns im Groß- und Außenhandel zum 01.09.2019. Vor sechs Wochen habe ich meinen Abschluss an der Gustav-Otto-Gesamtschule in Dreihausen geschafft. Im Rahmen eines zweiwöchigen Betriebspraktikums im achten Schuljahr habe ich bei einem Futtermittelhersteller in das Berufsbild des Kaufmanns für Groß- und Außenhandel reingeschnuppert. Ich bin äußerst kontaktfreudig, weil telefonieren und chatten gehört zu meiner Freizeitbeschäftigung, also eine von meinen vielen Stärken. Teamfähigkeit besitze ich auch, da ich seit Kindestagen Handball in unserem Verein spiele. Ausreichende Rechtschreibkenntnisse und ein gutes Ausdrucksvermögen bringe ich auch mit sowie strukturiertes und sorgfältiges arbeiten. Mein Schreibtisch ist immer aufgeräumt, da ich meine Aufgaben immer schnell erledigt haben möchte.
Laden sie mich bitte zu einem Vorstellungsgespräch ein.

MfG

Olf Herbst

3. Laurien hat heute im Unterricht erfahren, was sie alles bei einer E-Mail-Bewerbung beachten muss. Sie berichtet ihrem kranken Mitschüler Sören davon. Erstelle in deinem Heft eine Liste mit Tipps für eine Bewerbung per E-Mail. Nenne mindestens fünf Aspekte.

Bei einer E-Mail-Bewerbung ist zu beachten, ...

Verena Euler: Deutsch 9/10 berufsbezogen
© Auer Verlag

3.3 Verschiedene Kommunikationsformen nutzen (Kaufmann/-frau für Spedition und Logistikdienstleistung)

Was macht eigentlich ein Kaufmann/eine Kauffrau für Spedition und Logistikdienstleistung?

Ob auf Schienen oder der Straße, in der Luft oder auf dem Wasser – Kaufleute für Spedition und Logistikdienstleistung importieren und exportieren für ihre internationale Kundschaft Waren aller Art. Dafür erstellen sie meist unter Zeitdruck Angebote und suchen geeignete Fahrstrecken und Transportmittel aus, geben aber auch Ratschläge zur Warenverpackung. Da die Kundschaft aus aller Welt kommt, müssen Verkaufs- und Beratungsgespräche auch auf Englisch geführt werden. Für die Bearbeitung von Frachtaufträgen, das Abwickeln von Zollformalitäten und den Schriftwechsel mit Auftraggebern, Frachtführern und Lagerhaltern benötigt man in diesem Beruf eine gute Ausdrucksfähigkeit und sichere Rechtschreibung.

1. Die Kauffrau für Spedition und Logistikdienstleistung Frau Ruck erhält einen Anruf von einem Kunden, der seine Kunstwerke für eine Vernissage transportieren lassen möchte.

a) Lies dir das Telefonat aufmerksam durch und decke es anschließend ab.
b) Notiere nun alle wichtigen Angaben stichpunktartig in Form eines Notizzettels in deinem Heft.

Frau Ruck: Transportunternehmen Fahr & Roll GmbH, Kerstin Ruck am Apparat. Was kann ich für Sie tun?

Kunde: Guten Tag, mein Name ist Xaver Wunderlich. Ich möchte gerne meine Kunstwerke für eine Ausstellung von Kassel nach Berlin transportieren lassen. Können Sie mir ein Angebot machen?

Frau Ruck: Sehr gerne. Für unser Angebot benötige ich von Ihnen aber noch einige Angaben. Für wann ist der Transport geplant?

Kunde: Die Vernissage wird am 13.10.2019 um 20 Uhr in Berlin eröffnet. Ich benötige einen ganzen Tag, um die Gemälde und Skulpturen zu platzieren und zu inszenieren. Dann würde ich vorschlagen, dass meine Schätze am 11.10.2019 am frühen Abend in Berlin an der Ausstellungshalle ankommen.

Frau Ruck: Einen Moment bitte. Ich schaue in den aktuellen Tourenplan, ob ich an diesem Termin noch Fahrer und Lkw zur Verfügung habe. (...) Ja, das ist für unsere Fahrer kein Problem. Ihre Kunstwerke werden am 11.10.2019 am frühen Abend, sagen wir zwischen 17 und 18 Uhr, da sein. Um wie viele Gemälde und Skulpturen handelt es sich denn?

Kunde: Die Uhrzeit wäre optimal. Es werden 60 Gemälde sein und 40 Metallskulpturen, die auch in spezielle Kisten verpackt werden müssten, damit sie keinen Schaden nehmen.

Frau Ruck: Also bei der Menge würde ich Ihnen zwei kleine Lkw vorschlagen, damit Ihre Kunstwerke nicht vielleicht doch wegen Platzmangels beschädigt werden.

Verena Euler: Deutsch 9/10 berufsbezogen
© Auer Verlag

Kunde: Das wäre eine absolute Katastrophe! Also zwei kleine Lkw. Wann werden denn die Sachen bei mir im Atelier in Kassel abgeholt?

Frau Ruck: Erfahrungsgemäß ist Richtung Berlin immer ein hohes Verkehrsaufkommen und unsere Fahrer müssen auch ihre Pausenzeiten einhalten, sodass ich fünf Uhr vorschlagen würde.

Kunde: Das stimmt. Und meine Schätze müssen auch ordnungsgemäß verladen werden. Also Ihre Vorschläge hören sich gut an. Lassen Sie mir bitte ein Angebot per E-Mail zukommen! Meine E-Mail-Adresse lautet Xaver.Wunderlich@Metallkunst.de.

Frau Ruck: Das mache ich sehr gerne. Falls Sie noch einen Wunsch oder Fragen haben sollten, melden Sie sich einfach. Die Fahr & Roll GmbH würde sich über Ihren Auftrag sehr freuen. Auf Wiederhören, Herr Wunderlich.

c) Schreibe nun ein Angebot für den Kunden Xaver Wunderlich, in dem du u. a. die Fahrstrecke in Kilometern benennst und eine Aufstellung der Gesamtkosten machst. Fehlende Angaben darfst du frei erfinden. Schreibe eine E-Mail in dein Heft.
Oder: Wenn es dir möglich ist, dann nutze dafür ein Mailprogramm am PC. Drucke die E-Mail anschließend aus oder sende sie an deinen Lehrer.

An...	
Cc...	
Betreff	
Datum	

2. Herr Neumann arbeitet auch bei der Fahr & Roll GmbH. Er hat von Roberto Tutti eine Schadensmeldung per Fax erhalten. Der Inhaber eines Nobelrestaurants in München hat gestern seine Lieferung erhalten. Nicht alle 50 Einrichtungsgegenstände haben den Lkw-Transport von Italien nach München schadensfrei überstanden. Eine Porzellanvase ist in zwei Teile zerbrochen und ein Spiegel ist zerkratzt.

a) Schreibe dieses Fax, in dem du den Schaden meldest und um eine schnelle Klärung und Lösung bittest. Frage nach, wer den Schaden bezahlt. Weise auch darauf hin, dass du dringend Ersatz benötigst, da du in einer Woche dein Restaurant eröffnest. Nutze, wenn möglich, ein PC-Programm und folgendes Musterformular.

Verena Euler: Deutsch 9/10 berufsbezogen
© Auer Verlag

3.3 Verschiedene Kommunikationsformen nutzen (Kaufmann/-frau für Spedition und Logistikdienstleistung)

<table>
<tr><td>Empfänger
und
Ansprechpartner</td><td colspan="5">Absender</td></tr>
<tr><td>Datum</td><td colspan="5"></td></tr>
<tr><td colspan="6">☐ Dringend ☐ Zur Erledigung ☐ Zur Stellungnahme ☐ Zur Kenntnis ☐ Mit Dank zurück</td></tr>
<tr><td colspan="6">Betreff:</td></tr>
<tr><td colspan="6">Anrede

Text

Grußformel

Unterschrift</td></tr>
</table>

b) Herr Neumann nimmt zu der Schadensmeldung Stellung. Schreibe diese Stellungnahme, indem du Herrn Tutti verdeutlichst,

- dass er für Schadensfälle eine Warentransportversicherung abgeschlossen hat,
- dass die Fracht fachgerecht in Holzkisten mit Holzwolle und Styropor verpackt wurde,
- dass die Kisten ordnungsgemäß verladen wurden,
- dass der Transportweg keine Straßenschäden aufweist und fast nur aus Autobahn besteht.

Biete Herrn Tutti an, dich um einen schnellen Ersatz für die Eröffnung zu kümmern. Schreibe in dein Heft.

Verena Euler: Deutsch 9/10 berufsbezogen
© Auer Verlag

3.4 Anzeigen schreiben und setzen (Bestattungsfachkraft m/w)

Was macht eigentlich eine Bestattungsfachkraft m/w?

Eine Bestattungsfachkraft kümmert sich um die Versorgung Verstorbener, die Beratung Angehöriger, die Trauerfeier, die Aufbahrung und die Abwicklung von Begräbnissen. Dafür müssen sich Bestattungsfachkräfte mit Rechtsvorschriften, Gesundheitsbestimmungen, Normen und Bräuchen rund um die Bestattung auskennen und diese berücksichtigen. Neben fachlichen Kenntnissen benötigen sie besonders im Umgang mit den Trauernden und Hinterbliebenen ein gutes Einfühlungsvermögen. Für die Kundengespräche ist auch eine gute Ausdrucksfähigkeit wichtig. Bestattungsfachkräfte sollten Sicherheit in der Grammatik und der Rechtschreibung haben, da sie Traueranzeigen und Danksagungen verfassen.

1. Lies dir die folgende Todesanzeige durch.

Wenn die Kraft zu Ende geht, ist Erlösung eine Gnade.

Josef Egon Friede

* 19. November 1921 † 14. Januar 2019

In stiller Trauer:
dein Sohn Oliver mit Dana
sowie alle Angehörigen

Die Trauerfeier findet am Mittwoch, 23. Januar 2019 um 14.30 Uhr in der evangelischen Waldkirche in Berghausen statt. Die Urnenbeisetzung erfolgt zu einem späteren Zeitpunkt. Von Kranz- und Blumenspenden bitten wir Abstand zu nehmen.

a) Lege dir für diese Anzeige einen Aufbau mit den folgenden Bausteinen an: Name des Verstorbenen, Name der trauernden Angehörigen, Termin/Ort der Trauerfeier, Hinweise/Anmerkungen, Trauer-/Sinnspruch, Geburts- und Sterbedatum).

b) Suche eine weitere Traueranzeige (Zeitung, Internet), deren Aufbau etwas verändert ist. Klebe sie in dein Heft und beschrifte sie mit den Angaben aus Aufgabe 1a.

Verena Euler: Deutsch 9/10 berufsbezogen
© Auer Verlag

c) Wähle für die folgenden verstorbenen Personen mindestens einen passenden Trauersatz aus. Notiere in deinem Heft den entsprechenden Buchstaben hinter der Person. Schreibe für deine Auswahl einen Begründungssatz.

① Person, die ein schönes Leben hatte und gesundheitlich fit war: *** 1927 † 2019**
② Person, die einen tödlichen Unfall hatte: *** 1985 † 2019**
③ Person, die seit fünf Jahren an Krebs erkrankt war: *** 2000 † 2019**
④ Person, die einen Herzinfarkt hatte: *** 1977 † 2019**

Plötzlich und unerwartet verstarb durch einen tragischen Unfall … **A**

Du hattest dein ganzes Leben noch vor dir. Viel zu früh müssen wir Abschied nehmen. **B**

Ein langes und glückliches Leben ist zu Ende gegangen. **C**

Plötzlich und unerwartet wurde mein(e)/liebe(r) … aus dem Leben gerissen. **D**

Nach langer schwerer Krankheit ist … in Frieden entschlafen. **E**

Nach einem erfüllten, arbeitsreichen Leben verstarb … **F**

2. Christian Hahn hat seine Frau Violetta am 2. Juni 2019, zehn Tage vor ihrem 30. Geburtstag, durch einen Tauchunfall im Urlaub verloren. Er möchte, dass das Bestattungsinstitut nach den genannten Angaben eine moderne Traueranzeige mit einer Farbgrafik und einem passenden Trauer-/Sinnspruch entwirft:

Ehepaar kinderlos, Vater Heribert König, Schwester Agnes, Bruder Laurenz mit Frau Natascha und Sohn Liam, leidenschaftliche Taucherin, Berufsmusikerin, spielte Saxophon, Urnenbeisetzung im engsten Familienkreis, Kondolenzanschrift angeben

a) Entwirf am Computer eine geeignete Traueranzeige für diesen Kundenwunsch.
b) Fertige auch eine passende Danksagung an. Nutze auch hierfür den PC.
c) Präsentiert eure erstellten Todesanzeigen und Danksagungen in der Klasse.

3. Die Auswahl eines Trauer-/Sinnspruchs lässt sich leichter treffen, wenn man lyrische Texte kennt und diese versteht. Finde mittels Internetrecherche die fehlenden Worte, um die Trauerzitate der berühmten Personen zu vervollständigen. Übertrage sie vollständig in dein Heft.

① Sie ist nun ____ und unsere ____ wünschen ihr Glück. (Johann Wolfgang von Goethe)
② Und meine ____ spannte weit ihre ____ aus, flog durch die ____ Lande als flöge sie nach ____. (Joseph von Eichendorff)
③ Herr, in deine ____ sei ____ und ____, sei alles gelegt. (Eduard Mörike)
④ Wer im ____ seiner Lieben lebt, der ist nicht ____, der ist nur ____; tot ist nur, wer ____ wird. (Immanuel Kant)

Verena Euler: Deutsch 9/10 berufsbezogen
© Auer Verlag

4.1 Erfahrungs-/Entwicklungsbericht schreiben (Erzieher/-in)

Was macht eigentlich ein Erzieher/eine Erzieherin?

Dies ist ein vielseitiger und verantwortungsvoller Beruf. Erzieher/-innen haben einen Bildungs- und Erziehungsauftrag zu erfüllen und sind maßgeblich an der Persönlichkeitsentwicklung eines Kindes beteiligt. Sie erziehen, beraten und fördern, wobei sie die Entwicklung der Kinder stets im Auge behalten und Auffälligkeiten dokumentieren. Überhaupt gehört es zu ihren Aufgaben, Erziehungsmaßnahmen und deren Ergebnisse zu dokumentieren, Gespräche zu führen und bei schulischen Aufgaben und privaten Problemen Eltern und Kinder zu unterstützen und zu beraten. Sie stehen in engem Austausch mit Eltern, Schulen, Ausbildungsbetrieben und Ämtern (z. B. Jugendamt). Sie haben Berichte über Einzelfallentwicklungen oder Gutachten für Jugendämter zu erstellen.

1. Die Erzieherin Viola Kinderreich hat sich für einen Entwicklungsbericht über die fünfjährige Celina Stichpunkte gemacht. Schreibe diesen Bericht. Ordne dafür die Stichwörter im Kasten einem der sieben Bereiche zu: Einleitung, Körperliche und gesundheitliche Entwicklung, Motorik, Kognitive Fähigkeiten, Emotionale Fähigkeiten, Soziale Fähigkeiten, Selbstständigkeit.

a) Überlege dir für manche Eigenschaften und Fähigkeiten passende Beispiele.

hilfsbereit freundlich gegenüber anderen Kindern und Erwachsenen
schon nach kurzer Eingewöhnungszeit schnell Freundschaften geknüpft
wohlüberlegtes Handeln empathisch ausgeglichen
ausgeprägter Gerechtigkeitssinn Regelbewusstsein und -einhaltung
zieht sich ab und zu zurück äußerst kompromissbereit
für Vieles zu begeistern beliebtes Kind in der Gruppe
betrachtet gerne Bücher und überlegt sich eigene Geschichten
aufmerksame Beobachterin baut schnell Bindung zu ruhigen Kindern auf
zwei feste Freundinnen mit drei Jahren einen Bruder (acht Jahre)
zugezogen isst manierlich und in normalem Tempo ordentliches
Ausmalen und Ausschneiden von verschiedenen geometrischen Formen
achtet sehr auf ihre Körperpflege spricht Kinder an und lädt sie zum
Mitspielen ein widmet sich gern und viel vorschulischen Aufgaben
ist bereit Spielsachen zu teilen balanciert gerne auf dem Holzbalken
kennt ihre Adresse und kann in Notsituationen über sich Auskunft geben
kommt und geht mit ihrem Bruder altersgerechtes Gewicht
laktoseintolerant selbstständiges An- und Ausziehen

Verena Euler: Deutsch 9/10 berufsbezogen
© Auer Verlag

4.1 Erfahrungs-/Entwicklungsbericht schreiben (Erzieher/-in)

2. Praktikant Ben hat für sein Berichtsheft folgenden Tagesbericht angefertigt. Dabei haben sich einige Fehler eingeschlichen.

a) Benenne und begründe die Fehler.

> Heute Morgen bin ich fast zu spät in die Kita gekommen, nur weil mein Handy, das ich mir erst neu gekauft habe, nicht geklingelt hat. Dennoch war ich pünktlich um 7.45 vor Ort. Dann ging's auch schon in die Schmetterlingsgruppe, um den morgentlichen Stuhlkreis zu bilden. Gemeinsam wurde das Begrüßungslied gesungen. Dann durfte jedes Kind sein Mitbringsel zeigen und etwas dazu erzählen. Heute ist nämlich „Mitbringtag". Nicht nur für die Kids, auch für mich war das Zuhören sehr anstrengend. Glücklicherweise ging es dann an die frische Luft in den Spielgarten. Doch bevor es nach draußen ging, mussten alle wettergerecht angezogen werden. Das bedeutete in einem fürchterlichen Lärmpegel jede Menge Jacken, Mützen, Schals und Gummistiefel anziehen sowie Schuhe binden. Draußen angekommen, hockte ich mich zu einer Erzieherin auf eine Bank, um die spielenden Kinder im Sandkasten zu beobachten. Nach kurzer Zeit kam Tristan heulend zu mir, weil ihm Felix mit einer Schaufel Sand ins Auge geworfen hatte. Ich konnte den Streit zwischen den beiden lösen. Dann bat mich meine Betreuerin, in der Küche bei der Essensausgabe zu helfen, da eine Küchenhilfe erkrankt war. Somit konnte ich nicht an der heutigen Bastelarbeit „Stabpuppen fürs Theater" teilnehmen. Um Punkt zwölf Uhr stürmten die fünf Gruppen nacheinander in den Essraum. Wieder so ein Lärm. Es gab Spaghetti mit Tomatensoße. Nicht nur die Kleidung der Kinder, sondern auch der Raum ließ anschließend erkennen, was es zu essen gab. Ich half, die Tische abzuwischen, den Boden zu reinigen und die Soßenreste von der Tapete zu entfernen. Somit hatte ich keine Gelegenheit, das Abschlussritual für diesen Tag mitzubekommen. Dann war es auch schon zwei Uhr und ich verabschiedete mich von meiner Betreuerin und den anderen Erziehern und trat den Nachhauseweg mit dem Bus an.

b) Formuliere einen neuen Tagesbericht. Korrigiere die fehlerhaften Passagen, nimm Ergänzungen vor und gib Beispiele. Schreibe in dein Heft.

c) Nenne vier Merkmale, die bei einem Tagesbericht zu beachten sind.

3. a) Die Sprache in Berichten sollte nicht nur sachlich und genau sein, sondern auch knapp, also nicht ausschmückend. Dafür eignen sich Fachausdrücke. Finde anhand der Beschreibungen und des Silbenkastens heraus, welche acht Fachbegriffe gemeint sind. Schreibe sie mit Erklärung in dein Heft.

ag	em	im	tie	ku	kon	siv	thisch	re
gres	spek	men	sen	zi	pa	pul	se	so
ren	siv	tie	do	bel	quent	al	si	ren

Verena Euler: Deutsch 9/10 berufsbezogen
© Auer Verlag

4.1 Erfahrungs-/Entwicklungsbericht schreiben (Erzieher/-in)

① Die Fähigkeit haben, die Gefühle anderer zu berücksichtigen und auf diese zu reagieren, z. B. Hilfsbereitschaft oder Mitleid zeigen.
② Man handelt aus dem Gefühl heraus, übereilt und meist situationsunangemessen, ohne sich vorab Gedanken über Konsequenzen zu machen.
③ Bei einem Regelverstoß standhaft bleiben, die Maßnahme durchsetzen und sich nicht erweichen lassen.
④ Man interessiert sich für andere Personen und deren Bedürfnisse, zeigt Mitgefühl, setzt sich für diese ein und stellt die eigenen Interessen zurück.
⑤ Ein besonders feinfühliges Wesen haben, äußerst empfindsam/empfindlich sein.
⑥ Zum Beispiel einen Entwicklungsstand oder Verhaltensbeobachtungen schriftlich festhalten, aktenkundig machen.
⑦ Man bringt Mitmenschen Anerkennung und Achtung entgegen.
⑧ Man wirkt zerstörend und in schädigender Weise auf Menschen oder Gegenstände ein, ohne Rücksicht auf Verluste.

b) Ein Bericht wird in der Zeitform der Vergangenheit (Präteritum, Plusquamperfekt) verfasst. Lege in deinem Heft eine sechsspaltige Tabelle an. Füge die Angaben aus dem Kasten in die Tabelle ein und vervollständige sie.

Infinitiv	**Präsens**	**Perfekt**	**Präteritum**	**Plusquamperfekt**	**Futur I**

sie spielt
wir sangen
ihr habt gemeldet
er hatte geweint
sie werden erziehen
ich bin gerannt

Verena Euler: Deutsch 9/10 berufsbezogen
© Auer Verlag

4.2 Schäden aufnehmen und Berichte schreiben (Kaufmann/-frau für Versicherungen und Finanzen der Fachrichtung Versicherungen)

Was macht eigentlich ein Kaufmann/eine Kauffrau für Versicherungen und Finanzen der Fachrichtung Versicherungen?

Versicherungskaufleute verkaufen Versicherungen und sichern Risiken ab. Dafür müssen sie zunächst Kunden gewinnen und diese kompetent beraten. Versicherungsverträge und darin verwendete Begrifflichkeiten sind den Kunden verständlich und genau zu erklären. Somit müssen sie sich mit Rechtsgrundlagen auskennen und im Kundenberatungsgespräch redegewandt sein. Sie benötigen gute Deutschkenntnisse, da sie Schadens- und Leistungsfälle nicht nur telefonisch, sondern auch schriftlich bearbeiten.

1. Indra Glaser hat als Versicherungskauffrau den folgenden Arbeitsunfall ihrer Klientin Regina Fein aufgenommen. Schreibe einen Bericht über den genannten Unfall. Verwende alle Stichwörter aus dem Kasten. Hinweis: Die Stichpunkte sind nicht geordnet.

Sturz über Staubsaugerkabel 11.06.2019 Dienstagnachmittag

Handyklingeln aus Richtung Putzwagen 16.30 Uhr

über gespannte Schnur fallen Firma Life & Co. Reinigungsfachkraft

rechter Arm gebrochen Tannenallee in Stauben Regina Fein

rechtes Knie aufgeschlagen Anruf des Firmenchefs 40 Jahre alt

2. In seinem Beruf muss der Versicherungskaufmann Michael Klein häufig Berichte schreiben.

a) In seinen Berichten muss er die wörtliche Rede durch die indirekte Rede ersetzen. Formuliere die wörtlichen Zeugenaussagen um. Notiere in deinem Heft.

① Der Bankräuber schrie den Angestellten an: „Öffne den Tresor!“
② Die Verletzte fragte die Sanitäter: „Haben Sie meinen Hund schon gefunden?“
③ Das Brandopfer hat der Versicherung gegenüber behauptet: „Ich habe den brandverursachenden Wäschetrockner vorschriftsmäßig angeschlossen.“
④ Der leicht verletzte Beifahrer bat die geschockte Taxifahrerin: „Hören Sie bitte auf zu weinen!“
⑤ Die Versicherungskauffrau meint: „Ich bekomme die Polizeiakte zugeschickt.“

b) Beim Schreiben von Berichten sind noch weitere Merkmale zu berücksichtigen. Erstelle in deinem Heft eine Checkliste, was du dabei zu beachten hast. Nenne mindestens fünf Aspekte.

Verena Euler: Deutsch 9/10 berufsbezogen
© Auer Verlag

4.2 Schäden aufnehmen und Berichte schreiben (Kaufmann/-frau für Versicherungen und Finanzen der Fachrichtung Versicherungen)

3. Die Ausbilderin Katrin Mair hat in einigen Berichten ihres Azubis zum Kaufmann für Versicherungen und Finanzen mehrere Fehler gefunden. Verbessere die fünf fehlerhaften Sätze. Schreibe in dein Heft.

① Der Mannschaftskapitän entscheidete sich bei dem Münzwurf für „Zahl“.
② Der Dieb behauptete, dass er die Beute nicht in den Wäscheschacht getan haben würde.
③ Während der Versammlung ist es zu einigen Meinungsverschiedenheiten gekommen, die wir zu schlichten hatten.
④ Am Freitagabend hat es irgendwo dahinten gebrannt.
⑤ Ein ziemlich eingebildeter Mitschüler unserer Klasse wurde gestern auf dem Schulhof bedroht.

4. Lies dir zunächst die Ballade „John Maynard“ von Theodor Fontane durch und bearbeite anschließend die Aufgaben in deinem Heft.

a) Warum handelt es sich hier um eine Ballade?
b) Gib den Inhalt jeder Strophe in Form einer Überschrift wieder.
c) Wie verhält sich John Maynard? Beurteile sein Verhalten.
d) Conrad Engel war Passagier auf dem Schiff, das John Maynard steuerte. Er hat nicht nur sein Gepäck verloren, sondern wurde mit einer Rauchvergiftung ins Krankenhaus gebracht. Nun schreibt er mit seinem Versicherungskaufmann Herrn Froh einen Bericht an die Rederei Olsen. Verfasse diesen Bericht.

Theodor Fontane: „John Maynard“

John Maynard!

„Wer ist John Maynard?“

„John Maynard war unser Steuermann,
Aushielt er, bis er das Ufer gewann,
Er hat uns gerettet, er trägt die Kron’,
Er starb für uns, unsre Liebe sein Lohn.
John Maynard.“

Die „Schwalbe“ fliegt über den Eriesee,
Gischt schäumt um den Bug wie Flocken von Schnee,
Von Detroit fliegt sie nach Buffalo –
Die Herzen aber sind frei und froh,
Und die Passagiere mit Kindern und Frau’n
Im Dämmerlicht schon das Ufer schau’n,
Und plaudernd an John Maynard heran
Tritt alles: „Wie weit noch, Steuermann?“
Der schaut nach vorn und schaut in die Rund’:
„Noch dreißig Minuten … Halbe Stund’.“

Verena Euler: Deutsch 9/10 berufsbezogen
© Auer Verlag

Alle Herzen sind froh, alle Herzen sind frei –
Da klingt's aus dem Schiffsraum her wie Schrei,
„Feuer!" war es, was da klang,
Ein Qualm aus Kajüt' und Luke drang,
Ein Qualm, dann Flammen lichterloh,
Und noch zwanzig Minuten bis Buffalo.

Und die Passagiere, buntgemengt,
Am Bugspriet stehn sie zusammengedrängt,
Am Bugspriet vorn ist noch Luft und Licht,
Am Steuer aber lagert sich's dicht,
Und ein Jammern wird laut: „Wo sind wir? wo?"
Und noch fünfzehn Minuten bis Buffalo.

Der Zugwind wächst, doch die Qualmwolke steht,
Der Kapitän nach dem Steuer späht,
Er sieht nicht mehr seinen Steuermann,
Aber durchs Sprachrohr fragt er an:
„Noch da, John Maynard?"

„Ja, Herr. Ich bin."
„Ich halte drauf hin."
Und das Schiffsvolk jubelt: „Halt aus. Hallo!"
Und noch zehn Minuten bis Buffalo.

„Noch da, John Maynard?" Und Antwort schallt's
Mit ersterbender Stimme: „Ja, Herr, ich halt's!"
Und in die Brandung, was Klippe was Stein,
Jagt er die „Schwalbe" mitten hinein,
Soll Rettung kommen, so kommt sie nur so.
Rettung: der Strand von Buffalo.

Das Schiff geborsten. Das Feuer verschwelt.
Gerettet alle. Nur *Einer* fehlt!

Alle Glocken gehn; ihre Töne schwell'n
Himmelan aus Kirchen und Kapell'n,
Ein Klingen und Läuten, sonst schweigt die Stadt,
Ein Dienst nur, den sie heute hat:
Zehntausend folgen oder mehr,
Und kein Aug' im Zuge, das tränenleer.

Sie lassen den Sarg in Blumen hinab,
Mit Blumen schließen sie das Grab,
Und mit goldner Schrift in den Marmorstein
Schreibt die Stadt ihren Dankspruch ein:
„Hier ruht John Maynard. In Qualm und Brand
Hielt er das Steuer fest in der Hand,
Er hat uns gerettet, er trägt die Kron',
Er starb für *uns*, unsre Liebe sein Lohn.
John Maynard."

Verena Euler: Deutsch 9/10 berufsbezogen
© Auer Verlag

4.3 Tätigkeiten beschreiben (Podologe/Podologin)

Was macht eigentlich ein Podologe/eine Podologin?

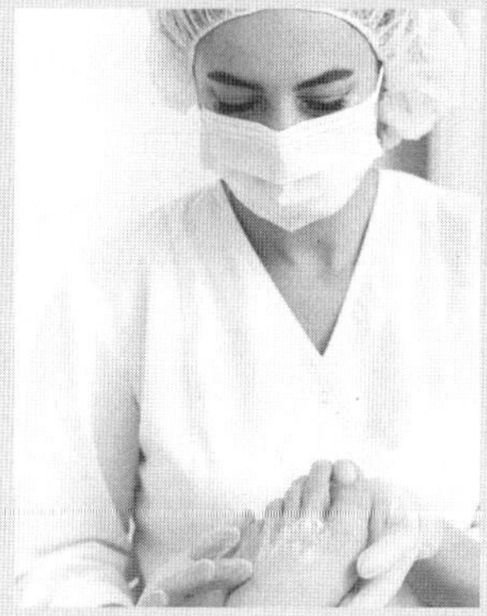

Ob eingewachsene Fußnägel, Hornhaut oder Hühneraugen an den Füßen, Podologen/Podologinnen führen medizinische Fußpflege mittels Skalpell, Zangen und Fräsen durch und helfen somit Menschen, die Fußbeschwerden haben oder aus gesundheitlichen Gründen die Fußpflege nicht selbst durchführen können (z. B. Diabetiker, Rheumatiker). Sie fertigen auch Orthesen an, die Fehlstellungen der Fußzehen korrigieren sowie für eine Druckentlastung des Fußes sorgen, und passen Venenstrümpfe an. Sie arbeiten in Fußpflegepraxen, Kliniken und Kosmetikstudios, sind aber auch viel in Seniorenheimen tätig.

1. Der Auszubildende Emilio soll für sein Berichtsheft in der Berufsschule eine Tätigkeit beschreiben. Dafür schreibt er mithilfe der Bilder Schritt für Schritt den Arbeitsablauf beim Feilen der Fußnägel auf.

a) Bringe zunächst die acht Bilder in die richtige Reihenfolge.

b) Verwende alle Wörter aus dem Kasten. Schreibe den Arbeitsablauf in dein Heft.

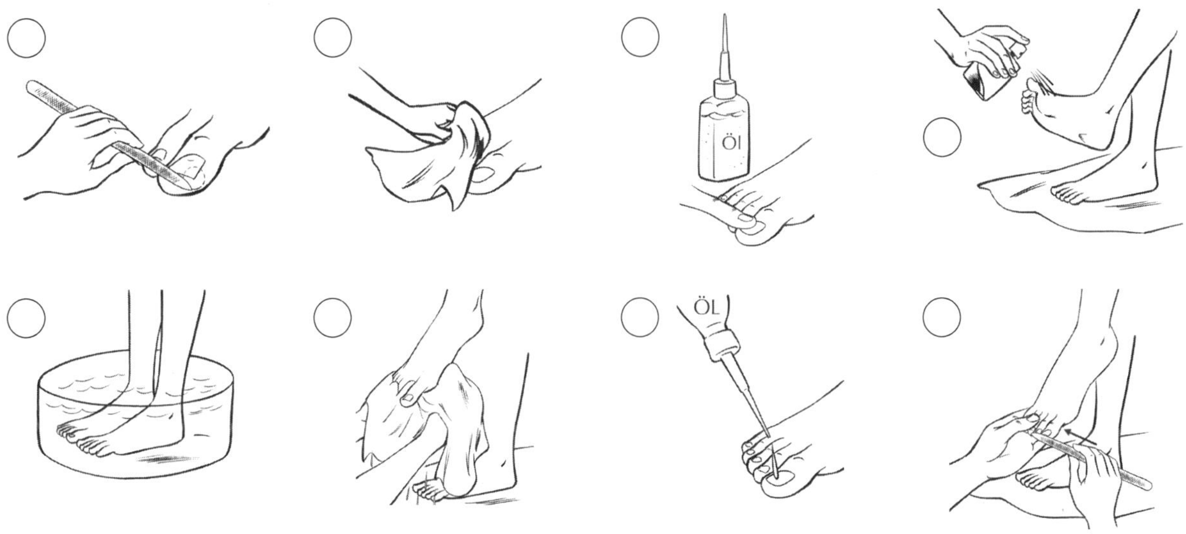

Nagelöl feucht Pilzinfektion vorsichtig Feile Pflege
desinfizieren Länge und Form Haut scharfe Kanten
Feilstaub nachfeilen gerade weich Nagelhaut Fußbad
Handtuch Nagelplatten abtrocknen glätten in eine Richtung
Tuch Fußzehen entfernen zehn Minuten einmassieren
anlegen Nagelränder

Verena Euler: Deutsch 9/10 berufsbezogen
© Auer Verlag

2. Betty hat bereits eine Tätigkeitsbeschreibung über Nagelprothetik angefertigt. Allerdings muss sie diese sprachlich überarbeiten.

a) Durch Wörter wie *zuerst* oder *dann* wird die Reihenfolge der Arbeitsschritte verdeutlicht. Welche Wörter kennst du noch? Notiere mindestens acht in deinem Heft.
b) Überarbeite nun Bettys Beschreibung. Stelle dafür die Sätze um, wähle verschiedene Satzanfänge und verbinde Sätze mit passenden Konjunktionen. Schreibe in dein Heft.

Anfertigung einer Nagelprothese (Nagelprothetik)

Ich desinfiziere gründlich den Fußzeh. Den kaputten oder kranken Nagel reinigen. Die Restnagelplatte aufrauen. Die Nagelpfalz reinigen. Lose Nagelteile entfernen. Eine fertige Nagelmasse mit einem Pinsel an der Stelle gleichmäßig auftragen, wo die Nagelplatte beschädigt ist oder fehlt. Die Nagelmasse an der Luft aushärten lassen. Bei UV-Gel zum Aushärten unter UV-Lampe halten. Die ausgehärtete Masse kann bearbeitet werden. Sie kann auch auf Wunsch mit Nagellack verschönert werden.

3. Eine Beschreibung klingt abwechslungsreicher, wenn man Aktiv- und Passivformulierungen verwendet.

a) Lege in deinem Heft eine Tabelle (Aktiv, Passiv) an und ordne die vorgegebenen Sätze der richtigen Spalte zu.
b) Vervollständige deine Tabelle. Wandle die Sätze entsprechend um: Aktiv in Passiv und Passiv in Aktiv.

① Heute werden verschiedene praktische Übungen von uns durchgeführt.

② Die Podologin lobt Aylin für ihre saubere und ordentliche Arbeitsweise.

③ Die Füße sind von mir vor der Behandlung desinfiziert worden.

④ Der eingewachsene Nagel ist mit einer Spange quer über die Nagelplatte in die korrekte Wuchsrichtung gelenkt worden.

⑤ Für eine French Pediküre wird von Jason ein weißes Gel an den Nagelspitzen aufgetragen werden.

⑥ Der Podologe brachte die Nägel mit einer Feile in Form.

⑦ Viktoria hatte die Fußnägel mit einer speziellen Nagelschere geschnitten.

⑧ Das auf den Fußzehen aufgetragene Farbgel war von Mandy mittels einer UV-Lampe gehärtet worden.

⑨ Mit einer Polierfeile wurden die Fußnägel der Kundin von der Auszubildenden auf Glanz gebracht.

⑩ Zwei Auszubildende werden den Besuchern verschiedene Fußmassagen vorführen.

Verena Euler: Deutsch 9/10 berufsbezogen
© Auer Verlag

4.4 Briefe schreiben und Befunde dokumentieren (Medizinische/-r Fachangestellte/-r)

Was macht eigentlich ein Medizinischer Fachangestellter/ eine Medizinische Fachangestellte (MFA)?

MFAs sind die „rechte Hand“ der Ärzte, aber auch erste Ansprechpartner für die Patienten. Sie organisieren den Praxisablauf (Anmeldung, Telefonate, Terminvergabe, Erstellung von Abrechnungen), assistieren den Ärzten bei Eingriffen, führen einfache Behandlungen (z. B. Blutdruck messen, Verbände anlegen) selbstständig durch und beruhigen kleine und große Patienten. Außerdem zählen die Dokumentation von Befunden und medizinischen Abläufen, das Anfertigen von Arztbriefen sowie die Vor- und Nachsorgeberatung der Patienten zu ihren Aufgaben.

1. Der Auszubildende Fabian Fuß führt bei dem Patienten Herrn Pollmann einen Allergietest (genannt Pricktest) durch.

a) Schreibe anhand der sechs Bilder einen Tätigkeitsbericht zum Ablauf eines Pricktests.

①

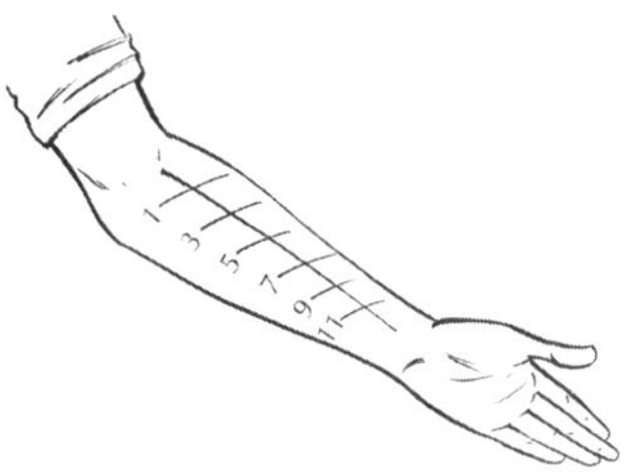

②

③

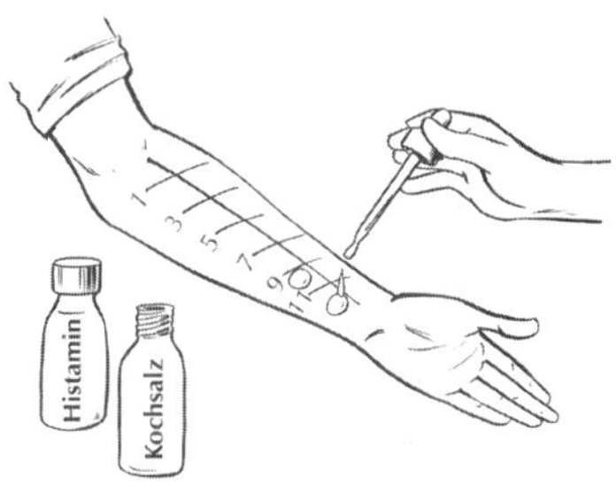

④

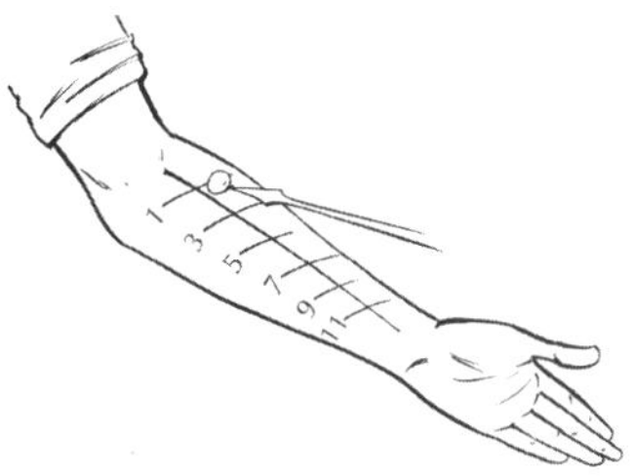

⑤

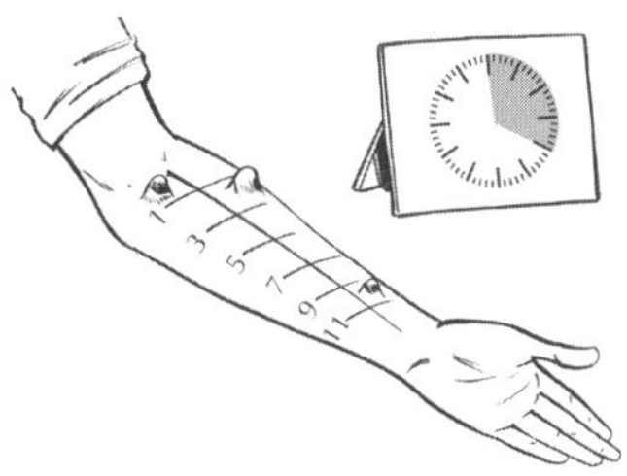

⑥

b) Fabian hat von seinem Chef folgende Stichpunkte zur Auswertung des Allergietests erhalten. Er fertigt nun den Arztbericht für Herrn Pollmann an. Formuliere diesen anhand der Stichpunkte. Notiere in deinem Heft.

Verena Euler: Deutsch 9/10 berufsbezogen
© Auer Verlag

4.4 Briefe schreiben und Befunde dokumentieren (Medizinische/-r Fachangestellte/-r)

3. Mai 2019 allergologische Austestung Hauttest deutliche Reaktion
passendes Ergebnis zu den genannten Beschwerden
Frühblüher Birke, Hasel und Erle Hausstaubmilbe im Hauttest positiv
ähnliche Konstellation im Bluttest
hierbei Gräserpollen und Roggen negativ getestet
dafür deutliche Erhöhung der Antikörper auf Birke, Erle und Hasel
im Fragebogen angegebene Unverträglichkeit Karotte, Apfel und Birne
ebenfalls Erhöhung sichtbar somit nachweisbar wie besprochen
orale Hyposensibilisierung beiliegendes Rezept zu bestellende Allergene
Terminvereinbarung für Therapiebeginn erste orale Einnahme
ärztliche Aufsicht Vorbeugung des anaphylaktischen Schocks

c) Bereits während eines Allergietests können die Patienten einen anaphylaktischen Schock bekommen. Informiere dich im Internet zu den folgenden Fragen und beantworte sie schriftlich in deinem Heft.
(1) Was ist ein anaphylaktischer Schock?
(2) Wie äußert er sich?
(3) Welche Auslöser sind bekannt?
(4) Welche Sofortmaßnahmen sind anzuwenden?

2. Nicht nur im medizinischen Bereich tätige Personen müssen Erste-Hilfe-Maßnahmen anwenden können. Notsituationen können sich immer und überall ergeben. Im Kasten werden zwei Notfälle mit den passenden Sofortmaßnahmen und Vorgehensweisen beschrieben. Allerdings sind die Textbausteine durcheinandergeraten.

a) Lies dir die Textbausteine durch und ordne jedem Notfall die passenden Sofortmaßnahmen zu. Schreibe die Vorgehensweise bei der Erstversorgung in dein Heft.

Hitzekollaps beim Joggen Handschuhe anlegen abkühlen
Flüssigkeit zuführen Nacken/Stirn/Oberkörper Notruf absetzen
weitere Versorgung sicherstellen lautes Ansprechen
Schattenplatz aufsuchen Luft zufächern flach hinlegen
warme Kleidung entfernen Schnittverletzung beim Gemüseschneiden
Mullbinde nasses Tuch Blutung stoppen Beine hochlagern
Arm auf Herzhöhe halten Blutung schwächer
weiterhin Durchblutung abdrücken sterile Wundauflage
Armarterie zudrücken ins Krankenhaus/zum Arzt
während des Verbindens Arm auf Herzhöhe lagern fest verbinden
Druck auf Wunde ausüben Wasser/Fruchtsaftschorle

b) Nenne mindestens vier Maßnahmen, die du im Umgang mit Verletzten einhalten solltest. Schreibe in dein Heft.

Verena Euler: Deutsch 9/10 berufsbezogen
© Auer Verlag

4.5 Versuchsabläufe protokollieren (Chemielaborant/-in)

Was macht eigentlich ein Chemielaborant/eine Chemielaborantin?

Chemische Substanzen herstellen, Stoffe und Stoffgemische trennen und analysieren, Versuche aufbauen, durchführen und die Ergebnisse protokollieren – dies sind die wichtigsten Tätigkeiten, die Chemielaboranten/-innen ausführen. Neben einer exakten Arbeitsweise, technischem Verständnis und Interesse an naturwissenschaftlichen Vorgängen müssen sie eine gute Beobachtungsgabe besitzen, da manche Versuchsreihen und Untersuchungen über Wochen andauern und mit gleichbleibender Aufmerksamkeit zu beobachten und zu protokollieren sind.

1. Die Auszubildenden Sudam und Norita haben mit ihrem Ausbilder im Chemielabor folgenden Versuch zum Thema „Sauerstoff-Oxidation-Oxide" durchgeführt.

a) Sieh dir die Abbildung an und beschreibe zunächst mündlich, was zu sehen ist und welche Erklärung es dafür geben könnte.

b) Schreibe mithilfe der Abbildungen und den Notizen im Kasten ein Versuchsprotokoll. Verwende alle Angaben und notiere in deinem Heft.

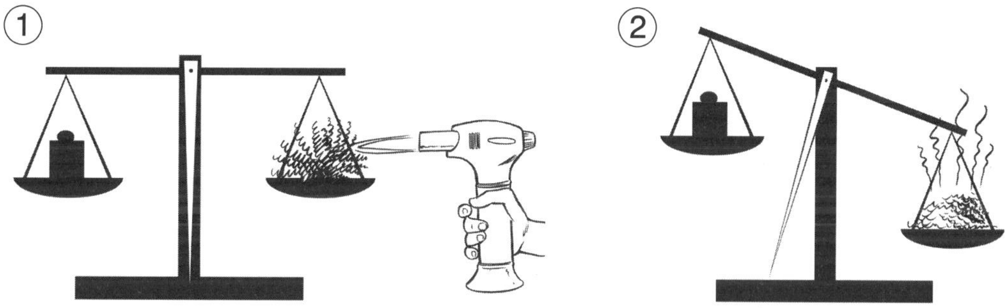

Eisenwolle Sauerstoff Balkenwaage aufglühen

Gleichgewicht erhitzen Eisenoxid Gewichtszunahme

Gas schwarz-grau senken

schwerer aus der Luft verbinden Menge

Eisen Gewicht haben

2. Für eine Chemiestunde hat Arda das folgende Versuchsprotokoll geschrieben. Dabei hat er einige inhaltliche und formale Merkmale nicht berücksichtigt.

a) Welche inhaltlichen und formalen Fehler lassen sich finden? Markiere im Text.

b) Schreibe anschließend ein neues Protokoll für den Chemieversuch in dein Heft.

Verena Euler: Deutsch 9/10 berufsbezogen
© Auer Verlag

Chemieversuch in der letzten Stunde

Ort: Chemieraum C.05 Anwesend: 20 Schüler/-innen und Frau Roth
Klasse: 9 Abwesend: 5 Schüler/-innen

Ergebnisse der Unterrichtsstunde:
Zu Stundenbeginn kam Frau Roth fünf Minuten zu spät. Dann mussten wir uns mit dem heutigen Versuch ganz schön beeilen. Wir haben in Vierergruppen den Versuch „Geheimschrift mit Zitronensaft“ durchgeführt. Frau Roth zeigt der Klasse zunächst den Aufbau und erklärt den Ablauf. Fast alle, bis auf Nita, Jonna, Igor und Can, haben die Einzelschritte verstanden. Diese Gruppe machte den Versuch mit Frau Roth zusammen. Oh man, wie peinlich das für die vier war! Die haben nämlich immer eine große Klappe. Für den Versuch benötigten wir eine Tuschefeder, eine Kerze, ein Stück Papier, ein Becherglas (25 ml) und 40%ige Zitronensaftlösung.
In unserer Gruppe gab Manon zunächst etwas von der Zitronensaftlösung in das ziemlich kleine Becherglas und tauchte die Tuschefeder hinein. Sie malte einen Smiley auf das Papier. Ich schrieb den diktierten Satz von Lea auf: „Chemie ist cool!“ Anton lehnt sich wie immer zurück und machte nichts. Nachdem die Schrift getrocknet war, stellte Lea eine Plastikwanne mit Wasser zum Löschen bereit und Manon zündete die Kerze an. Ich bewegte das beschriftete Papierstück so lange über die Flamme hin und her, bis das Geschriebene sichtbar wurde. Frau Roth gab zwischendurch den Hinweis, das Papier nicht zu stark zu erhitzen. Unser Satz und der Smiley traten durch die Wärme in einer Braunfärbung hervor. Allerdings vergaß ich, es frühzeitig von der Flamme zu entfernen. Somit hatte ich unser Beweisstück vernichtet. Zum Glück stand die Wasserwanne zum Löschen bereit.
Dann war die Stunde zu Ende und wir sollten diese Versuchsbeschreibung und -durchführung für die „Geheimschrift mit Zitronensaft“ bis zur nächsten Stunde verfassen.

3. a) Führe folgenden Versuch anhand der Bilder selbst durch und fertige ein vollständiges Protokoll an.

Versuch: Direktes Färben mit einem Naturstoff

Geräte/Materialien: Dreifuß, Drahtnetz mit Keramikfaser, Bunsenbrenner, Becherglas (250 ml), Glasstab, Löffelspatel, Pinzette, Stück Baumwollstoff
Naturstoff: Curry
Sicherheit: Schutzbrille, Kittel

①

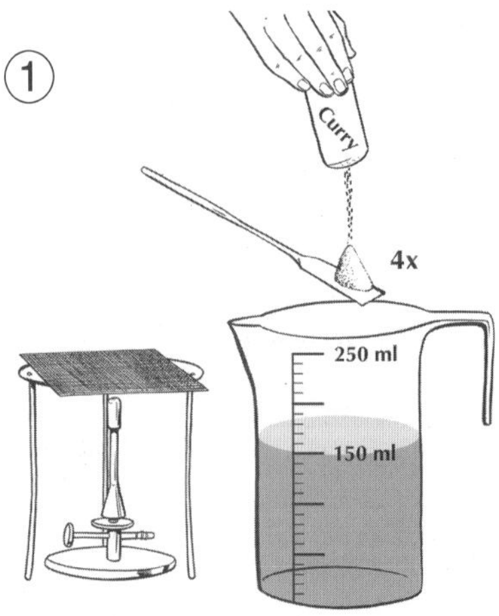

②

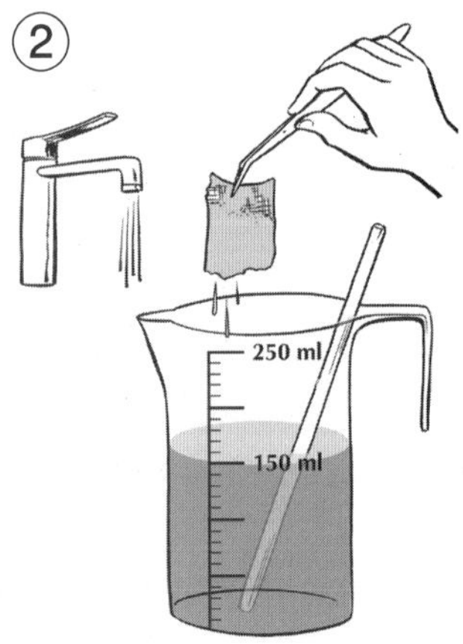

b) Verfasse ein Protokoll über eine Unterrichtsstunde. Wähle dir eine Stunde und einen Versuch aus dem Physik-, Biologie- oder Chemieunterricht aus.

Verena Euler: Deutsch 9/10 berufsbezogen
© Auer Verlag

4.6 Stellenanzeigen verfassen (Personaldienstleistungs-kaufmann/-frau)

Was macht eigentlich ein Personaldienstleistungs-kaufmann/eine Personaldienstleistungskauffrau?

Personaldienstleistungskaufleute beschaffen das Personal für ein Unternehmen. Sie werben neue Mitarbeiter, indem sie arbeitsplatzbezogene Anforderungsprofile erstellen, Stellenanzeigen formulieren und veröffentlichen, Bewerbungsunterlagen sichten, Bewerber auswählen und Vorstellungsgespräche führen. Dafür müssen sie immer die aktuelle Arbeitsmarktsituation im Blick haben und sich z. B. ständig über Veränderungen im Arbeitsrecht, Tarifrecht oder Arbeitsschutz informieren.

1. Personaldienstleistungskaufmann Ingo Genau beurteilt die folgende Bewerbung hinsichtlich Inhalt, Sprache, Rechtschreibung und Ausdruck.

a) Markiere die fehlerhaften oder unpassenden Wörter/Textstellen und kommentiere diese in deinem Heft.

Mika Frech
Seeweg 5
12389 Teichstadt
Tel.: 099/778899

24.05.2019

Motorradwerkstadt Roller
Herrn Keller
Bachstraße 10
12389 Teichstadt

Bewerbung für einen Ausbildungsplatz in Ihrem Betrieb

Sehr geehrte Damen und Herren,

gern möchte ich in diesem Jahr eine Ausbildung bei Ihnen beginnen.
Während meiner Schulzeit und in der Freizeit habe ich mich schon für Technick und Werken interessiert. Im Rahmen eines zweiwöchigen Betriebspraktikums im letzten Schuljahr habe ich in eine Motorradwerkstadt hineingeschnuppert. Ich war in vielen Bereichen tätig. Auch bei einem Fähigkeitstest in der Schule wurde meine handwerkliche Begabung festgestellt. In meiner Freizeit ziehe ich mit meinen Kummpels um die Häuser oder wir düßen mit unseren Rollern durch die Gegend.

Über eine Einladung zu einem netten Gespräch würde ich mich riesig freuen.

MfG

Ihr *Mika Frech*

Verena Euler: Deutsch 9/10 berufsbezogen
© Auer Verlag

b) Ob Bewerbungsschreiben per E-Mail oder in Papierform verschickt werden, der Bewerbungstext muss gut formuliert sein. Lies dir die folgenden fünf Auszüge aus Bewerbungstexten durch und formuliere sie um. Schreibe in dein Heft.

① In meiner Freizeit spiele ich gerne Computerspiele.

② Ich finde es schön, mich mit Menschen während der Arbeit unterhalten zu können.

③ Da ich schon Sozialstunden im Seniorenheim abgeleistet habe, konnte ich bereits Einblicke in das Berufsfeld Gesundheit bekommen.

④ Über meine Mutter habe ich von der Ausbildungsstelle erfahren.

⑤ Laden Sie mich zu einem Vorstellungsgespräch ein und Sie werden es nicht bereuen.

⑥ Gerne komme ich nächste Woche zum Probearbeiten vorbei.

⑦ Meine Freunde sagen, dass ich handwerklich begabt bin.

2. a) Wähle eine der drei Stellenanzeigen aus und erstelle mit dem Computer ein vollständiges Bewerbungsanschreiben. Angaben, die in der Stellenanzeige nicht genannt sind, kannst du dir selbst überlegen.

Für unser Gärtnereiteam suchen wir interessierte Auszubildende für den Beruf

Gärtner/-in.

Wir erwarten: Zuverlässigkeit, Teamarbeit, handwerkliches Geschick, gutes Stil- und Farbbewusstsein, Freude am Kundenkontakt und Belastbarkeit

Bewerbung bis 30.06. an: Gärtnerei Blütenpracht
Geschäftsleitung Frau Finkmann
Grünpfad 30, 34999 Sonnenberg
Tel: 879/555511
Mail: a.finkmann@bluetenpracht.de

Tierarztpraxis in Trimberg sucht
ab 01.08.2019

eine/-n engagierte/-n Auszubildende/-n für den Beruf

Tiermedizinische/-r Fachangestellte/-r.

Er/Sie sollte zuverlässig sein, Einfühlungsvermögen besitzen, gerne im Team arbeiten und ein freundliches Auftreten haben.

Kontakt: Tierarztpraxis Sommermann und Groß
Frau Maria Sommermann
Gartenstraße 6, 35903 Trimberg
Tel: 09956/345-2
Mail: maria.sommermann@tierarztpraxis.de

Verena Euler: Deutsch 9/10 berufsbezogen
© Auer Verlag

4.6 Stellenanzeigen verfassen (Personaldienstleistungs-kaufmann/-frau)

Die Apotheke „Am Brunnenhof“ in Bachtalhausen sucht
zum 1. August 2019

aufgeschlossene Auszubildende für den Beruf des/der

Pharmazeutisch-kaufmännischen Angestellten.

Unser fünfköpfiges Team erwartet: Zuverlässigkeit, Kontaktfreudigkeit, exakte Arbeitsweise, Teamfähigkeit und Verantwortungsbewusstsein.

Schulabschluss: mindestens qualifizierter Hauptschulabschluss, bevorzugt Mittlere Reife

Apotheke „Am Brunnenhof“
Inhaber Herr Dr. Klaus Meisenstock
Brunnengasse 10, 35909 Bachtalhausen
Telefon: 04466/745
Mail: bewerbung@meisenstock.de

b) Du suchst einen Ausbildungsplatz in deinem Traumberuf. Formuliere ein Stellengesuch. Verdeutliche, welche Fähigkeiten dich für den Ausbildungsberuf qualifizieren. Schreibe in dein Heft.

c) Formuliere ein passendes Bewerbungsanschreiben zu deiner eigenen Stellenanzeige.

3. Da beim Vorstellungsgespräch der erste Eindruck zählt, muss man sich gut vorbereiten.

a) Selina ist zu einem Bewerbungsgespräch eingeladen. Leider unterlaufen ihr etliche Fehler. Benenne diese und schreibe in ganzen Sätzen, wie sie Selina hätte vermeiden können.

8.00 Uhr. Selinas Wecker klingelt. Heute hat sie ihr erstes Vorstellungsgespräch in einer Rechtsanwaltskanzlei. Beim Blick in ihren Kleiderschrank ist sie unentschlossen, was sie anziehen soll. Sie entscheidet sich für eine schwarze Stoffhose, die sie gestern Abend auf einer Geburtstagsparty getragen hat. Da sie etwas nach gegrilltem Essen riecht, sprüht sie diese mit einem kräftig herben Parfüm ein. Passend zur Hose wählt sie eine helle, leicht transparente Bluse, die eigentlich nochmal gebügelt werden müsste. Aber dafür hat sie keine Zeit mehr. Beim Schuhwerk greift sie zu ihren dunkelblauen, fast schwarzen Turnschuhen. Die sind am bequemsten. Nun kämmt sie ihre kurzen Haare, die ungewaschen und durch das Haargel von gestern Abend fettig aussehen. Sie trägt noch schnell einen leuchtend roten Lippenstift auf und dann schnappt sie ihre Bewerbungsmappe und rennt zum Bus. Beim Schließen der Haustür bemerkt Selina, dass sie ihre Zähne nicht geputzt hat. Den Mundgeruch muss nun ein Kaugummi ausgleichen. Auch hilft dieser gegen ihren knurrenden Magen.

Verena Euler: Deutsch 9/10 berufsbezogen
© Auer Verlag

4.6 Stellenanzeigen verfassen (Personaldienstleistungskaufmann/-frau)

b) Beim Vorstellungsgespräch kommt es nicht nur auf die richtige Kleiderwahl an. Lies dir die folgenden Aussagen zum Vorstellungsgespräch durch und notiere die richtigen in deinem Heft.

① Das Einladungsschreiben sollte man zum Vorstellungsgespräch mitnehmen.

② Eigene Fragen muss man sich nicht selbst überlegen, da der Chef genügend Fragen stellt.

③ Man sollte ausgeschlafen in ein Vorstellungsgespräch gehen.

④ Zur Vorbereitung auf das Gespräch holt man sich Informationen über den Betrieb/die Firma ein.

⑤ Im Gespräch muss man nicht ständig Blickkontakt halten. Das strengt zu sehr an.

⑥ Man sollte Sprechpausen machen und möglichst nicht zu schnell reden.

⑦ Die Jungen/Männer können nach der Begrüßung ihre Anzugjacke über den Stuhl hängen.

⑧ Vor jedem Vorstellungsgespräch muss man einen Fragebogen ausfüllen.

4. Als Personaldienstleistungskaufmann/-frau muss man sich auch mit Rechtsgrundlagen auskennen. Lies dir die folgenden Aussagen durch und recherchiere im Internet. Schreibe die richtigen in dein Heft.

① Der Betriebsrat ist die Interessenvertretung der Arbeitnehmer im Betrieb.

② Für die Tätigkeit des Betriebsrats bildet das Grundgesetz die gesetzliche Grundlage.

③ Der Betriebsrat wird für zwei Jahre gewählt.

④ Die Mitglieder im Betriebsrat bekommen mehr Geld als andere Mitarbeiter.

⑤ Im Betrieb gibt es für die Jugendlichen und Auszubildenden eine gewählte Interessenvertretung, die sogenannte JAV.

⑥ Jeder Arbeitnehmer darf sich bis zur Vollendung des 25. Lebensjahres zur Wahl der JAV aufstellen lassen.

⑦ Alle jugendlichen Beschäftigten über 18 und alle Auszubildenden unter 25 dürfen die Kandidaten der JAV wählen.

Verena Euler: Deutsch 9/10 berufsbezogen
© Auer Verlag

4.7 Schriftlich Stellung nehmen (Verwaltungsfachangestellte/-r der Fachrichtung Kommunalverwaltung)

Was macht eigentlich ein Verwaltungsfachangestellter/ eine Verwaltungsfachangestellte der Fachrichtung Kommunalverwaltung?

Verwaltungsfachangestellte in der Kommunalverwaltung übernehmen Büro- und Verwaltungsaufgaben, informieren Bürger über Rechtsgrundlagen und Gesetze, nehmen Bürgerbeschwerden auf, entwerfen aber auch Verwaltungsvorschriften und wirken an der Umsetzung von Beschlüssen mit. In diesem Beruf sind Kommunikation, gute Sprachkenntnisse und Textsicherheit wichtig, da verschiedene Schriftstücke, wie z. B. Dokumente oder Protokolle, nicht nur anzufertigen sind, sondern auch inhaltlich verstanden und erklärt werden müssen.

1. In der Gemeinde Waldhausen fand ein Monatsgespräch statt, an dem der Personalrat und der Bürgermeister teilnahmen. Dabei entstand ein Streit.

a) Lies dir das Gespräch durch und benenne das Thema. Welchen Standpunkt vertritt P. (Personalratsvorsitzender) und welchen B. (Bürgermeister)? Notiere ganze Sätze.
b) Verdeutliche deinen Standpunkt und führe das Gespräch zu Ende.

P.: Herr Gründlich hat die letzten fünf Jahre seine Tätigkeiten im Ordnungsamt zur vollsten Zufriedenheit seines Amtsleiters ausgeführt, sodass ihm eine Beförderung zusteht.
B.: Der Arbeitseifer unseres Herrn Gründlich ist mir durchaus bekannt. Allerdings hat er mit seinen 25 Jahren wenig Erfahrungen gesammelt und ist nicht ausreichend qualifiziert. Ich finde zudem, dass er nicht loyal ist und ihm die nötige Distanz zum Bürger fehlt.
P.: Selbstverständlich wahrt er die Bürgernähe. Und durch regelmäßige Fort- und Weiterbildungen erfüllt er auch die personalrechtlichen Voraussetzungen.
B.: Eine Beförderung bringt eine Gehaltserhöhung mit sich. Wir wissen doch alle, dass es im Moment einen Beförderungsstopp gibt, weil die finanziellen Mittel fehlen. Ich erinnere an den nicht ausgeglichenen Haushalt.
P.: Das mit dem knappen Budget ist richtig. Jedoch haben wir es in der Personalabteilung durchgerechnet und es würde dafür noch ausreichen.
B.: Herr Großzügig, Sie als Personalratsvorsitzender sympathisieren doch mit Herrn Gründlich. Sie sind als Doppelteam des Tennisvereins sogar über unsere Region hinaus bekannt. Sie sind befangen.
P.: Herr Bürgermeister, das verbitte ich mir! In meiner Position muss ich immer unbefangen sein. Das ist eine berufliche Angelegenheit und keine private. Das weiß ich sehr wohl zu trennen (…)

2. Eine Gemeinde möchte das Gewerbegebiet um ein Areal erweitern, das derzeit als Naturschutzgebiet ausgewiesen ist. Schreibe zu der These „Die Einnahmen für die Gemeinde sind wichtiger als der Naturschutz.“ eine freie Argumentation. Finde drei Pro- und drei Kontra-Argumente. Schreibe in dein Heft.

Verena Euler: Deutsch 9/10 berufsbezogen
© Auer Verlag

3. Dieser Text ist weder formal noch inhaltlich ein Leserbrief.

a) Gliedere den Text in Einleitung, Hauptteil und Schluss.
b) Nicht alle Merkmale wurden berücksichtigt. Finde zwei Fehler und verbessere sie.

Ich nehme Bezug zum Artikel „Endlich regelt ein Kreisel den Verkehr“, der am 16.06.2019 im Regionalboten erschienen ist. Die Gemeinde hat es endlich geschafft, sich nach vier Jahren geleisteter Überzeugungsarbeit gegen die unmöglichen Sturböcke Bürgermeister und Ortsvorsteher durchzusetzen. Dem Bau eines Verkehrskreisels an der Kreuzung Bockenhauserstraße und Lindenallee wurde stattgegeben. Es ist festzustellen, dass die vielen Staus und Unfälle, bedingt durch das hohe Verkehrsaufkommen in den frühen Morgen- und Nachmittagsstunden, entzerrt wurden. Und nicht nur das. Auch die nur nach Profit strebenden Supermarktbetreiber äußern sich positiv gegenüber der Neuerung, da ihre Ein- und Ausfahrten nicht mehr durch lange Autoschlangen blockiert werden. Der Kreisverkehr hat auch die Unfallgefahr gesenkt. Die Polizei hat dort seit dem Bau deutlich weniger Unfälle aufzunehmen. Die Beharrlichkeit und die vielen Diskussionen scheinen sich ausgezahlt zu haben. (Kasimir Recht, 30 Jahre)

c) Lies das Gedicht „Bäume“ von Walter Helmut Fritz und benenne das Thema. Schreibe einen Leserbrief, der die Thematik aufgreift. Notiere in deinem Heft.

Walter Helmut Fritz: Bäume

Wieder hat man in der Stadt,
um Parkplätze zu schaffen,
Platanen gefällt.
Sie wussten viel.
Wenn wir in ihrer Nähe waren,
begrüßten wir sie als Freunde.
Inzwischen ist es fast
zu einem Verbrechen geworden,
nicht über Bäume zu sprechen,
ihre Wurzeln,
den Wind, die Vögel,
die sich in ihnen niederlassen,
den Frieden,
an den sie uns erinnern.

Verena Euler: Deutsch 9/10 berufsbezogen
© Auer Verlag

5.1 Komplexe Satzstrukturen verstehen und verfassen (Rechtsanwalts- und Notarfachangestellte/-r)

Was macht eigentlich ein Rechtsanwalts- und Notarfachangestellter/eine Rechtsanwalts- und Notarfachangestellte?

Einfache Verträge, Erbscheinanträge, Vollmachten entwerfen oder Schriftstücke zu Rechtsstreitigkeiten, Zwangsvollstreckungen und Mahnungen verfassen – diese Tätigkeiten führen Rechtsanwalts- und Notarfachangestellte aus. Dafür müssen sie Gesetze, Vorschriften und Terminfristen kennen und ein gutes Ausdrucksvermögen haben. Denn in diesem Beruf nimmt man nicht nur telefonisch Kontakt mit Behörden, Gerichten oder Klienten auf, sondern führt mit diesen auch Schriftverkehr. Alles wird in den Akten der Mandanten dokumentiert. Rechtsanwalts- und Notarfachangestellte sollten auch diktierte Notizen ihres Chefs ohne Probleme verfassen können.

1. Rechtsanwalt und Notar Carl-Matthias Gutmann überprüft die sprachliche Richtigkeit der Bewerber, die eine Ausbildung in seiner Kanzlei beginnen möchten.

a) Berichtige die Rechtschreib- und Kommafehler. Übertrage den Text in der korrekten Schreibung in dein Heft und setze die fehlenden notwendigen Kommas.

b) Begründe anschließend alle ergänzten Kommas mit einer entsprechenden Regel schriftlich.

„Azubi-Casting"

Bevor ein Ausbildungsvertrag unterschrieben und somit der Ausbildungsbeginn eingeleutet wird haben angehende Azubis Teilschritte zu absollvieren: Bewerbungen schreiben Einstellungstests oder ein Assessment-Center durchlaufen Vorstellungsgespräche führen – für manche sicherlich mit Bergsteigen vergleichbar.
Ist die erste Etappe geschafft dann folgt ein „Casting" hinsichtlich Allgemeinwissen Fachwissen und Schlüsselqualifikationen Soft Skills genannt. Führt die Testung zu einem positiven Ergebnis findet ein Vorstellungsgespräch statt.

Herzlichen Glückwünsch denn auf dieses werden sie im folgenden vorbereitet!
Uns ist wichtig das sie unsere Gründungsgeschichte sowie unsere Leistungen kennen, aber auch von ihrer Persönlichkeit ihren Arbeitstugenden und ihrem Auftreten her in unser Team passen.

Im Jahr 1990 gründeten wir die Geschwister Anne-Katherin Graf und Carl-Matthias Gutmann die Kanzlei und das Notariat GRAF & GUTMANN. Seither sind wir in gerichtlichen und außergerichtlichen Angelegenheiten immer für unsere Manndanten Ansprechpartner und legen großen Wert auf eine ganzheitliche mandantenoptimierte Betreuung. Wir sind beide studierte Rechtsanwälte und bestellte Notare. Dennoch teilen wir die zwei Bereiche untereinander auf: Carl-Matthias Gutmann vertritt die Rechtsgebiete Ordnungswiedrigkeits-, Betreuungs-, Arbeits- und Familienrecht. Anne-Katherin Graf hingegen wickelt sämtliche notarielle Tätigkeiten wie

Verena Euler: Deutsch 9/10 berufsbezogen
© Auer Verlag

beurkundungspflichtige Geschäfte und Beglaubigungen nach deutschem Beurkundungsgesetz ab. Sie ist Ansprechpartnerin für Hypotheken, Patientenverfügungen, Vollmachten, Grundschulden und Nießbrauchbestellungen.

Wenn man eine Ausbildung bei uns, *GRAF & GUTMANN* machen möchte dann reicht es allerdings nicht aus, das man unsere Gründungsgeschichte und Leistungen kennt. Darüber hinaus sollten Rechtsanwalts- und Notarfachangestellte ein gutes Ausdruckvermögen und Textsicherheit besitzen, kommunikativ und freundlich sein sowie ein serieuses und gepflegtes Erscheinungsbild haben. Da in diesem Beruf ein täglicher Umgang mit empfindlichen Daten gepflegt wird legen wir bei unseren Auszubildenden besonderen Wert auf die Einhaltung der vor Ausbildungsbeginn zu unterschreibenden Verschwiegenheitsverpflichtung die auch nach Beendigung der Ausbildung oder des Beschäftigungsverhältnisses einzuhalten ist.

2. Um komplizierte Sachverhalte zu durchschauen, müssen Rechtsanwalts- und Notarfachangestellte komplexe Satzstrukturen verstehen und verfassen können.

a) Übertrage die acht Sätze in dein Heft. Unterstreiche den Konjunktionalsatz und benenne ihn mit dem Fachbegriff.

① Als ihr Onkel verstarb, befand sie sich mit ihrer Familie im Urlaub.

② Für die Erben fallen in der Regel keine weiteren Kosten an, falls der Verstorbene ein öffentliches Testament gemacht hat.

③ Da der Notarvertrag noch nicht unterschrieben wurde, ist der Hausverkauf nicht rechtskräftig.

④ Mir hat das Praktikum in der Kanzlei gut gefallen, sodass ich dort freiwillig in den Sommerferien ein weiteres Praktikum machen werde.

⑤ Es ist hilfreich, in einer Kanzlei und in einem Notariat ein Praktikum zu machen, damit man viele verschiedene Einblicke in diesen Beruf bekommt.

⑥ Die Auszubildende begleitet den Notar in die Stadthalle, wo die Hauptversammlung einer Aktiengesellschaft stattfindet.

⑦ Er war auf seinen Ausbildungsplatz dadurch gut vorbereitet, dass er während der Schulzeit einen Computerkurs absolviert hatte.

⑧ Obwohl ich als Schülerin keinerlei Berufserfahrung habe, durfte ich in meinem Praktikum viele berufstypische Tätigkeiten selbstständig ausführen.

b) Übertrage die acht Sätze in dein Heft. Unterstreiche die Infinitivgruppen blau und die Partizipialgruppen grün. Setze die fehlenden Kommas.

① Die Verschwiegenheitserklärung am ersten Ausbildungstag unterschrieben erlaubt den Auszubildenden die Arbeit mit vertraulichen Daten.

② Um selbstständig in diesem Beruf arbeiten zu können lernt der Auszubildende Paolo viele Gesetze und Paragrafen.

③ Es wird empfohlen den Inhalt der Eintragungen auf Richtigkeit und Vollständigkeit zu überprüfen.

Verena Euler: Deutsch 9/10 berufsbezogen
© Auer Verlag

④ Über das ganze Gesicht strahlend freute er sich über das Schenkungsversprechen seines Großvaters.

3. Die Rechtsanwalts- und Notarfachangestellte Nicole Seitz muss beim Verfassen von Schriftstücken *das* und *dass* unterscheiden können. Schreibe die Sätze in dein Heft und setze das richtige Wort in die Klammern ein. Notiere jeweils dahinter, ob es sich um einen Artikel (A), eine Konjunktion (K), ein Demonstrativpronomen (D) oder ein Relativpronomen (R) handelt.

① (__) die Niederschrift in Gegenwart des Notars den Beteiligten vorgelesen werden muss, (__) sagt (__) Beurkundungsgesetz aus.

② Nicht jedem ist bekannt, (__) z. B. Geldgeschenke zum Geburtstag oder zu Weihnachten als Handschenkung bezeichnet werden.

③ (__) Paar, (__) sich für eine Gütertrennung entschieden hat, muss auf einem Notariat einen Ehevertrag abschließen, der öffentlich zu beurkunden ist.

④ Er versichert an Eides statt, (__) ihm nichts bekannt ist, was der Richtigkeit seiner Angaben entgegensteht.

4. Alexander Lang, der bei einem Rechtsanwalt arbeitet, weiß, dass es beim Erstellen der Akten auch auf die genaue Formulierung ankommt, um sprachliche Missverständnisse zu vermeiden. Verbessere die folgenden Aussagen. Setze auch die entsprechenden Kommas. Schreibe in dein Heft.

① Frau Geizig erbte das Ferienhaus in Spanien, nicht aber ihre Schwester.

② Eine alte Akte suchte die Anwältin, die schon vergilbt und verstaubt war.

③ Sie suchte den Radiergummi unter dem Schreibtisch, der herabgefallen war.

④ Der Mann schenkte seinem Sohn seinen Porsche, der im Sterben lag.

Verena Euler: Deutsch 9/10 berufsbezogen
© Auer Verlag

5.2 Den Konjunktiv verwenden (Beamter/Beamtin im mittleren Zolldienst)

Was macht eigentlich ein Beamter/eine Beamtin im mittleren Zolldienst?

Beamte/Beamtinnen im mittleren Zolldienst kontrollieren z. B. an Flughäfen und Grenzen Personen und den internationalen Warenverkehr. Zudem prüfen sie auch in Betrieben, ob Beschäftigte ordnungsgemäß gemeldet sind. Sie setzen sich mit Schmuggel und Markenfälschung auseinander, beobachten den Markt und stoppen u. a. illegale, gesundheitsgefährdende Produkte. Ob Fahrzeug-, Koffer- oder Baustellenkontrollen, Beamte/Beamtinnen im mittleren Zolldienst müssen sich rechtlich gut auskennen (z. B. mit Artenschutz). Auch gute Deutschkenntnisse sind wichtig, da sie Berichte und Protokolle anfertigen.

1. Die Zollbeamtin Riana Zack arbeitet am Flughafen bei der Einreisekontrolle. Gestern hat sie gemeinsam mit ihrem Kollegen das Gepäck einer asiatischen Familie kontrolliert und folgende Aussagen zu Protokoll genommen.

a) Die wörtlich notierten Aussagen muss sie nun in ihrem Bericht in indirekte Rede umschreiben. Schreibe in dein Heft.

Herr Chi Shim-Chiung (50 Jahre): „Dieser Kaktus stammt aus dem Garten meiner Mutter. Sie sehen an der Erde, dass ich ihn ausgegraben habe. Ich wollte mir ein Stück Heimat mit nach Deutschland nehmen. Wir haben deshalb extra den roten Ausgang gewählt. Wir wollten den Kaktus anmelden."

Frau Dao Shim-Chiung (46 Jahre): „Eine Bekannte hat mich gefragt, ob ich ihr vier Rainsticks aus Kakteenholz mitbringen kann. Ich wusste nicht, dass es eine Mengenbegrenzung gibt."

Tochter Kanita (13 Jahre): „Ich benötige die zwei toten Seepferdchenpräparate in meinem Koffer für ein Schulprojekt."

Sohn Niti (16 Jahre): „Ich bringe meiner Freundin ein Bruchstück einer Koralle, das ich am Strand gefunden habe, mit."

b) Darf Familie Shim-Chiung überhaupt etwas von den mitgebrachten Sachen einführen? Wenn ja, welche Mitbringsel sind erlaubt? Beantworte die Fragen in deinem Heft. Informiere dich dafür auf der Internetseite des Zolls am Frankfurter Flughafen.

c) Suche für die Redebegleitsätze noch andere Verben außer „sagen" und „fragen". Notiere mindestens acht in deinem Heft.

Verena Euler: Deutsch 9/10 berufsbezogen
© Auer Verlag

5.2 Den Konjunktiv verwenden (Beamter/Beamtin im mittleren Zolldienst)

d) Wandle die fünf Sätze in indirekter Rede wieder in wörtliche Äußerungen um. Schreibe in dein Heft.

① Die Zollbeamten meinten, der Autofahrer bekäme in den nächsten Wochen eine gerichtliche Vorladung zugeschickt.

② Der Schmuggler befahl seiner Komplizin, sie solle die Kontrolleure ablenken.

③ Eine Zollbeamtin bat das Urlauberpaar, aufzuhören, mit ihr über die Geldstrafe zu diskutieren.

④ Der Gepäckkontrolleur fragte den Hundeführer, ob der Spürhund schon ein verdächtiges Gepäckstück identifiziert habe.

⑤ Ein Flughafensprecher behauptet, dass inzwischen jeder fünfte Flugreisende unerlaubt durch den grünen Zollausgang gehe.

e) Entscheide, welcher der Sätze in indirekter Rede korrekt ist. Schreibe in dein Heft.

① Ein Urlauber behauptete: „Ich habe die Korallen nicht in den Koffer gepackt!"
Ein Urlauber behauptete, dass er die Korallen nicht in den Koffer gepackt habe.
Ein Urlauber behauptete, dass er die Korallen nicht in den Koffer gepackt hätte.
Ein Urlauber behauptete, dass er die Korallen nicht in den Koffer gepackt haben würde.

② Der Zollbeamte fragt: „Gibt es noch weitere unerlaubte Gegenstände im Gepäck?"
Der Zollbeamte fragt, ob es noch weitere unerlaubte Gegenstände im Gepäck gebe.
Der Zollbeamte fragt, ob es noch weitere unerlaubte Gegenstände im Gepäck gäbe.
Der Zollbeamte fragt, ob es noch weitere unerlaubte Gegenstände im Gepäck geben würde.

③ Ein Sprecher der Autobahnpolizei sagt: „Die Sicherstellung von illegalen Waren auf deutschen Autobahnen hängt in vielen Fällen mit der Herkunft der Fahrzeuge zusammen."
Ein Sprecher der Autobahnpolizei sagt, die Sicherstellung von illegalen Waren auf deutschen Autobahnen würde in vielen Fällen mit der Herkunft der Fahrzeuge zusammenhängen.
Ein Sprecher der Autobahnpolizei sagt, die Sicherstellung von illegalen Waren auf deutschen Autobahnen hinge in vielen Fällen mit der Herkunft der Fahrzeuge zusammen.
Ein Sprecher der Autobahnpolizei sagt, die Sicherstellung von illegalen Waren auf deutschen Autobahnen hänge in vielen Fällen mit der Herkunft der Fahrzeuge zusammen.

Verena Euler: Deutsch 9/10 berufsbezogen
© Auer Verlag

5.2 Den Konjunktiv verwenden (Beamter/Beamtin im mittleren Zolldienst)

2. Die Auszubildende Zoe hat im Deutschunterricht der Berufsschule folgende Aufgaben zu bearbeiten.

a) Bilde zu den Verbformen den Konjunktiv I. Beachte, dass zwei Verbformen im Konjunktiv II oder in der würde-Ersatzform stehen müssen. Schreibe in dein Heft.

du kommst	sie sitzen	wir sind	man weiß	du suchst
ihr fragt	du siehst	sie sagt	ich laufe	es kauft

b) In der indirekten Rede werden drei Zeitstufen unterschieden: Gegenwart, Vergangenheit und Zukunft. Notiere in deinem Heft, in welcher Zeitform die indirekte Rede hier wiedergegeben wird.

① (__) Die Hundeführerin meinte, dass sie in fünf Minuten bei der Gepäckausgabe sein werde.

② (__) Ein entlassener Mitarbeiter informierte den Zoll, dass sein ehemaliger Chef Schwarzarbeiter beschäftige.

③ (__) Eine Flugreisende gab zu, dass sie eine artengeschützte Schlangenhaut gekauft habe.

④ (__) Der Zollbeamte Herr Meyer behauptete vor einer Schulklasse, dass sein ausgebildeter Spürhund ein verstecktes Betäubungsmittel im Koffer sofort rieche.

⑤ (__) Die Zollbeamtin erklärte, dass die beschlagnahmte Ware nach dem Prozess verbrannt werden würde.

⑥ (__) Der Empfänger des beschlagnahmten Pakets äußerte vor Gericht, dass er das Echtfell nicht bestellt habe und auch bei der Jagd nicht dabei gewesen sei.

c) Wenn man Träume, Wünsche oder irreale Bedingungen ausdrücken möchte, verwendet man den Konjunktiv II. Führe folgendes Gedankenspiel mit einem Partner durch.

Was wäre, wenn es keinen Zoll mehr gäbe?

Schritt 1: Haltet zunächst eure Gedanken in einem Cluster fest.
Schritt 2: Verschriftlicht nun euer Gedankenspiel.
Schritt 3: Diskutiert in der Klasse über die Fragestellung.

Verena Euler: Deutsch 9/10 berufsbezogen
© Auer Verlag

6.1 Textsicherheit und Sprachanalyse (Beamter/Beamtin im mittleren Justizvollzugsdienst)

Was macht eigentlich ein Beamter/eine Beamtin im mittleren Justizvollzugsdienst?

Beamte/Beamtinnen im mittleren Justizvollzugsdienst sorgen für einen reibungslosen Gefängnisalltag und gewährleisten die Sicherheit und Ordnung in der Anstalt. Um die Häftlinge stets im Auge behalten zu können, müssen sie körperlich fit und wachsam sein. Sie haben aber auch Verwaltungsaufgaben zu erledigen. Beispielsweise erstellen und führen sie Gefangenen- und Personalakten oder füllen Aufnahme- und Entlassungsformulare der Gefangenen aus. Dafür müssen sie sich gut mit dem Strafvollzugsrecht auskennen und mit Gerichten und Staatsanwaltschaften zusammenarbeiten. Gute Deutschkenntnisse brauchen sie auch bei der Postkontrolle, insbesondere bei Briefen. Sie lesen die Post der Gefangenen und analysieren die Texte – schließlich können darin verschlüsselte Informationen enthalten sein.

1. Der hessische Justizvollzugsbeamte Carlos Gonzales beantwortet der Auszubildenden Bella die folgenden Fragen zum Hessischen Jugendstrafvollzugsrecht.

a) Lies dir den Auszug ausgewählter Paragrafen aus dem HessJStVollzG durch und beantworte dann die Fragen schriftlich in deinem Heft.

① Was ist bei der Ausstattung des Haftraums zu beachten?

② Welche Werte sollen in der Wohngruppe vermittelt und eingeübt werden?

③ Erhalten die Gefangenen nur Verpflegung aus der Kantine/Küche der Anstalt?

④ Erfolgt die medizinische Versorgung ausschließlich in der eigenen JVA?

⑤ Können sich Gefangene aussuchen, ob sie sich persönlich und beruflich in der JVA entwickeln wollen?

⑥ Dürfen Gefangene der JVA immer fernsehen und Radio hören und in ihrer Freizeit alles lesen?

§ 18
Unterbringung

(1) Die Gefangenen werden regelmäßig in Wohngruppen untergebracht, die entsprechend dem individuellen Entwicklungsstand und Förderbedarf zu bilden sind.
(2) Gefangene, die aufgrund ihres Verhaltens nicht gruppenfähig sind, eine Gefahr für die Sicherheit oder Ordnung der Anstalt oder für die Mitgefangenen darstellen oder die Freiräume der Wohngruppe wiederholt missbraucht haben, können aus der Wohngruppe ausgeschlossen werden. Eine Wiederaufnahme erfolgt dann, wenn die Gruppenfähigkeit wieder hergestellt ist. Davon unberührt bleiben Maßnahmen nach den §§ 54 und 55.
(3) In der Wohngruppe sollen insbesondere Werte, die ein sozialverträgliches Zusammenleben ermöglichen, gewaltfreie Konfliktlösungen, gegenseitige Toleranz und Verantwortung für den eigenen Lebensbereich vermittelt und eingeübt werden.
[…]

Verena Euler: Deutsch 9/10 berufsbezogen
© Auer Verlag

6.1 Textsicherheit und Sprachanalyse (Beamter/Beamtin im mittleren Justizvollzugsdienst)

§ 19
Ausstattung des Haftraums

(1) Die Gefangenen dürfen ihren Haftraum in angemessenem Umfang mit eigenen Gegenständen ausstatten. Die Übersichtlichkeit des Haftraums darf nicht behindert und Kontrollen nach § 45 Abs. 1 dürfen nicht unzumutbar erschwert werden.
(2) Gegenstände, deren Besitz, Überlassung oder Benutzung mit Strafe oder Geldbuße bedroht ist oder die geeignet sind, das Erreichen des Erziehungsziels oder die Sicherheit oder die Ordnung der Anstalt zu gefährden, sind ausgeschlossen.

§ 20
Persönlicher Besitz

(1) Die Gefangenen dürfen nur Gegenstände in Besitz haben oder annehmen, die ihnen von der jeweiligen Anstalt oder mit deren Erlaubnis überlassen wurden. Ohne Erlaubnis dürfen sie Gegenstände von geringem Wert von anderen Gefangenen annehmen; die Anstalt kann Annahme und Besitz auch dieser Gegenstände von ihrer Erlaubnis abhängig machen oder weitere Ausnahmen zulassen. § 19 Abs. 2 gilt entsprechend. Die Erlaubnis kann unter den Voraussetzungen des § 19 Abs. 1 Satz 2 und Abs. 2 widerrufen werden.
(2) Eingebrachte Gegenstände, die die Gefangenen nicht in Besitz haben dürfen, sind für sie aufzubewahren, sofern dies nach Art und Umfang möglich ist. Andernfalls ist den Gefangenen Gelegenheit zu geben, die Gegenstände außerhalb der Anstalt aufbewahren zu lassen. Das Gleiche gilt für Gegenstände, die die Gefangenen während des Vollzugs und für ihre Entlassung nicht benötigen.
[...]

§ 21
Kleidung

(1) Die Gefangenen tragen Anstaltskleidung.
(2) Das Tragen eigener Kleidung kann durch die Anstaltsleitung gestattet werden. Für deren Reinigung, Instandsetzung und regelmäßigen Wechsel haben die Gefangenen selbst zu sorgen. § 19 Abs. 2 gilt entsprechend.

§ 22
Verpflegung und Einkauf

(1) Die Gefangenen erhalten Verpflegung durch die Anstalt. Zusammensetzung und Nährwert der Anstaltsverpflegung müssen den besonderen Anforderungen an eine gesunde Ernährung junger Menschen entsprechen und ärztlich überwacht werden. Auf ärztliche Anordnung wird besondere Verpflegung gewährt. Den Gefangenen ist zu ermöglichen, Speisevorschriften ihrer Religionsgemeinschaft zu befolgen.
(2) Die Gefangenen können von ihrem Hausgeld (§ 39) oder Taschengeld (§ 40) oder insoweit zweckgebundenem Eigengeld (§ 43 Abs. 2) aus einem von der Anstalt vermittelten Angebot einkaufen. Die Anstalt soll für ein Angebot sorgen, das auf Wünsche und Bedürfnisse der Gefangenen Rücksicht nimmt.
[...]

Verena Euler: Deutsch 9/10 berufsbezogen
© Auer Verlag

6.1 Textsicherheit und Sprachanalyse (Beamter/Beamtin im mittleren Justizvollzugsdienst)

§ 23
Gesundheitsvorsorge

[...]
(2) Die Anstalt kann Anordnungen zum Gesundheitsschutz und zur Hygiene treffen.
(3) Das Rauchen in allen gemeinschaftlich genutzten Räumen der Anstalt ist untersagt.
(4) Den Gefangenen wird an Werktagen ein Aufenthalt im Freien von mindestens einer Stunde, an arbeitsfreien Tagen von mindestens zwei Stunden ermöglicht, wenn die Witterung dem nicht zwingend entgegensteht.

§ 24
Medizinische Versorgung

(1) Gefangene haben einen Anspruch auf notwendige, ausreichende und zweckmäßige medizinische Versorgung unter Beachtung des Grundsatzes der Wirtschaftlichkeit. Der Anspruch umfasst auch Untersuchungen zur Früherkennung von Krankheiten und Vorsorgeleistungen. Die Beurteilung der Notwendigkeit orientiert sich an der Versorgung der gesetzlich Versicherten.
[...]
(4) Kranke oder hilfsbedürftige Gefangene können in eine zur Behandlung ihrer Krankheit oder ihrer Versorgung besser geeigneten Justizvollzugsanstalt oder in ein Justizvollzugskrankenhaus überstellt oder verlegt werden. Erforderlichenfalls können Gefangene auch in ein Krankenhaus außerhalb des Vollzugs gebracht werden.
[...]

§ 27
Schulische und berufliche Aus- und Weiterbildung, Arbeit

(1) Maßnahmen der schulischen und beruflichen Aus- und Weiterbildung kommen im Jugendstrafvollzug besondere Bedeutung zu. Diese Maßnahmen sowie arbeitstherapeutische Beschäftigung und Arbeit dienen insbesondere dem Ziel, die Persönlichkeit der Gefangenen zu entwickeln und die Fähigkeit zur Aufnahme einer Erwerbstätigkeit zu vermitteln, zu erhalten oder zu fördern.
(2) Die Gefangenen sind vorrangig zur Teilnahme an schulischen und beruflichen Orientierungs-, Aus- und Weiterbildungsmaßnahmen oder speziellen Maßnahmen zur Förderung ihrer schulischen, beruflichen und persönlichen Entwicklung verpflichtet. Im Übrigen sind sie zu Arbeit, arbeitstherapeutischer oder sonstiger Beschäftigung verpflichtet, wenn sie dazu in der Lage sind. Die Vorschriften des Mutterschutzgesetzes vom 20. Juni 2002 (BGBl. I S. 2318), zuletzt geändert durch Gesetz vom 20. Dezember 2011 (BGBl. I S. 2854), über die Gestaltung des Arbeitsplatzes und die Beschäftigungsverbote finden entsprechende Anwendung.
(3) Die Maßnahmen zur schulischen und beruflichen Bildung haben sich an der voraussichtlichen Dauer der Inhaftierung sowie den außerhalb der Anstalt geltenden Anforderungen auszurichten. Die Gefangenen sollen nach der Entlassung auf den erworbenen Qualifikationen aufbauen können. Mit den zuständigen Stellen ist rechtzeitig zusammenzuarbeiten.
[...]

Verena Euler: Deutsch 9/10 berufsbezogen
© Auer Verlag

6.1 Textsicherheit und Sprachanalyse (Beamter/Beamtin im mittleren Justizvollzugsdienst)

§ 29
Gestaltung der freien Zeit

[...]
(2) Die Anstalt hat eine angemessen ausgestattete Bücherei vorzuhalten. Die Gefangenen dürfen auf eigene Kosten Zeitungen und Zeitschriften in angemessenem Umfang durch Vermittlung der Anstalt beziehen. § 19 Abs. 1 Satz 2 gilt entsprechend. Ausgeschlossen sind Zeitungen und Zeitschriften, deren Verbreitung mit Strafe oder Geldbuße bedroht ist. Einzelne Ausgaben oder Teile von Zeitungen oder Zeitschriften können den Gefangenen vorenthalten werden, wenn sie das Erziehungsziel oder die Sicherheit oder Ordnung der Anstalt erheblich gefährden.
(3) Den Gefangenen ist Gelegenheit zu geben, am Fernseh- und Hörfunkempfang teilzunehmen.
(4) Die Gefangenen dürfen eigene Hörfunkgeräte sowie in angemessenem Umfang Bücher und andere Gegenstände zur Fortbildung oder zur Freizeitbeschäftigung besitzen. Fernsehgeräte in den Hafträumen können unter Vermittlung der Anstalt zugelassen werden. Andere elektronische Medien können im Einzelfall zugelassen werden, wenn ihre Nutzung dem Erziehungsziel dient. § 19 gilt entsprechend.
(5) Der Hörfunk- und Fernsehempfang kann vorübergehend ausgesetzt oder einzelnen Gefangenen untersagt werden, wenn dies zur Aufrechterhaltung der Sicherheit oder Ordnung der Anstalt unerlässlich ist.

§ 30
Sport

Der sportlichen Betätigung kommt im Jugendstrafvollzug besondere Bedeutung zu. Sie kann neben der sinnvollen Freizeitgestaltung auch zur gezielten Persönlichkeitsförderung eingesetzt werden. Hierfür sind ausreichende Maßnahmen vorzuhalten, die den Gefangenen zumindest die Teilnahme an Sporteinheiten von insgesamt zwei Stunden Dauer wöchentlich ermöglichen. Sportmöglichkeiten im Rahmen der Freistunde nach § 23 Abs. 4 bleiben davon unberührt.

b) Lies dir die folgenden Aussagen zum HessJStVollzG durch. Nutze die Auszüge aus Aufgabe 1a. Schreibe nur die richtigen Aussagen in dein Heft. Notiere den entsprechenden Absatz und Paragrafen dahinter.

(1) Den Haftungsraum dürfen die Gefangenen nach ihren Wünschen beliebig gestalten.

(2) Gefangene dürfen ihren ganzen Besitz in die Anstalt mitbringen.

(3) In der JVA darf mit Erlaubnis der Anstaltsleitung eigene Kleidung getragen werden.

(4) Die Gefangenen können in der JVA einkaufen.

(5) Ihre Verpflegung müssen die Gefangenen selber zahlen.

(6) Jeden Tag dürfen die Gefangenen drei Stunden ins Freie.

(7) Ein Gefangener muss so lange in der JVA bleiben, bis die Maßnahme der schulischen und beruflichen Ausbildung abgeschlossen ist.

(8) Eine berufliche Aus- und Weiterbildung gibt es in der JVA nicht.

(9) In der JVA darf Sport gemacht werden.

(10) In ihrer Zelle dürfen die Gefangenen im Einzelfall z. B. einen Blueray-Player haben.

Verena Euler: Deutsch 9/10 berufsbezogen
© Auer Verlag

6.1 Textsicherheit und Sprachanalyse (Beamter/Beamtin im mittleren Justizvollzugsdienst)

2. In der JVA gibt es viele Regeln, die die Insassen einzuhalten haben.

a) Formuliere die drei Regeln um, indem du die Verben nominalisierst. Schreibe in dein Heft.

① Die Insassen haben Anstaltskleidung zu tragen.

② In allen Gemeinschaftsräumen der Anstalt darf nicht geraucht werden.

③ Bekommen die Insassen Besuch, dann sind Besucher und Insasse verpflichtet, die vorgegebene Gesprächszeit einzuhalten.

b) Ergänze mit den folgenden Angaben (Schmuck tragen, Werkzeug/Arbeitsmittel abgeben, Personalausweis vorzeigen, Mobilfunkgeräte nicht benutzen) vier weitere Regeln, an die sich Besucher und Insassen einer JVA zu halten haben. Nominalisiere die Verben und unterstreiche in deinem Heft alle Nominalisierungen mit dem Signalwort.

3. Zu den Aufgaben der JVA-Beamten gehört es, den Schriftwechsel der Insassen mit der Außenwelt zu überwachen. Justizvollzugsbeamtin Pia Klug hat ihrer Auszubildenden Bella folgenden Übungsfall zum Lösen gegeben.

In einem Arbeitsbereich der JVA ist dieser Notizzettel gefunden worden:

> 500 g Kokain – 14.02.2019 – Rosenverkäufer –
> 10.00 Uhr Pavillion Stadtpark

a) Übertrage die Tabelle in dein Heft. Vervollständige sie mit den Angaben aus dem Text.

	Montag	**Dienstag**	**Mittwoch**	**Donnerstag**	**Freitag**
Insasse					
Bereich					
Versteck					
Tat					
Haftantritt					

Verena Euler: Deutsch 9/10 berufsbezogen
© Auer Verlag

6.1 Textsicherheit und Sprachanalyse (Beamter/Beamtin im mittleren Justizvollzugsdienst)

Wer schrieb den Zettel?

Am Montag war der Insasse Schmöll in der Schreinerei tätig. Insasse Krausmann, der wegen mehreren Autodiebstählen inhaftiert wurde, freute sich an diesem Dienstag besonders auf seine Arbeit, da er nicht in der Küche eingeteilt war, sondern Metallrohre schweißen durfte.
Der Insasse Fieso sitzt seit Juli 2017 in der JVA, hingegen Insasse Völser erst seit Januar 2018.
Zwei Tage bevor der Insasse Fieso in der Küche zum Arbeiten eingeteilt war, wurde der Zettel gefunden. Derjenige, der am darauffolgenden Wochentag in der Gärtnerei tätig war, hätte den Zettel bestimmt in der Blumenerde einer Topfpflanze versteckt. In der Schlosserei hätte sich ein Metallrohr als Versteck angeboten. Ein seit Oktober 2017 Inhaftierter meinte dazu, dass er in seinem Arbeitsbereich als Versteck einen Holzbretterstapel gewählt hätte.
Wer mittwochs eingeteilt ist, der sammelt alle Wäschesäcke ein, um in der Wäscherei die schmutzige Wäsche zu waschen und die saubere zu bügeln.
Der Insasse, der zwei Monate vor Schmöll in die JVA kam und diese Woche zeigen konnte, dass er einen grünen Daumen besitzt, heißt Clement. Er hat schwere Köperverletzung begangen. Derjenige, der einen Monat nach Schmöll kam, war diese Woche in der Schlosserei tätig.
Wenn der Zettel am Freitag im Mülleimer der Küche versteckt worden wäre, dann würden sicherlich Tomaten- oder Nudelreste auf dem Zettel kleben, da es Spaghetti mit Tomatensoße gab. Außerdem sitzt die an diesem Tag in der Küche eingeteilte Person nicht wegen Drogenhandel, sondern wegen Brandstiftung.

b) Beantworte nun die folgenden Fragen in deinem Heft. Schreibe vollständige Antwortsätze und vervollständige anschließend die Tabelle.

① Wie heißt der Insasse, der den Zettel geschrieben hat?

② In welchem Bereich wurde die Notiz gefunden?

③ Wo war die Nachricht versteckt?

④ Wie heißt der Insasse, der einen Raubüberfall verübt hat?

Verena Euler: Deutsch 9/10 berufsbezogen
© Auer Verlag

6.2 Richtig schreiben und sich gut ausdrücken (Schilder- und Lichtreklamehersteller/-in)

Was macht eigentlich ein Schilder- und Lichtreklamehersteller/ eine Schilder- und Lichtreklameherstellerin?

Ob Fahrzeugbeschriftung, Leuchtreklame, Schilder oder Anzeigetafeln – Schilder- und Lichtreklamehersteller/-innen entwerfen nach Kundenwunsch entsprechende Werbemittelkonzepte, produzieren die entsprechenden Werbeträger und montieren diese fachgerecht. In diesem vielseitigen Beruf sind nicht nur Beratungs- und Präsentationsfähigkeit gefragt, sondern auch gestalterisches Talent, handwerkliches Können und Verständnis für Elektrotechnik. Sowohl im Beratungsgespräch mit den Kunden als auch beim Entwerfen der Produkte sind gute Rechtschreibkenntnisse und Ausdrucksfähigkeit wichtig.

1. Hakima möchte Schilder- und Lichtreklameherstellerin werden. Dafür muss sie auch wissen, welche Produkte beschriftet werden können.

a) Welche zehn Produkte sind hier dargestellt? Schreibe in dein Heft.

①

②

③

④

⑤

⑥
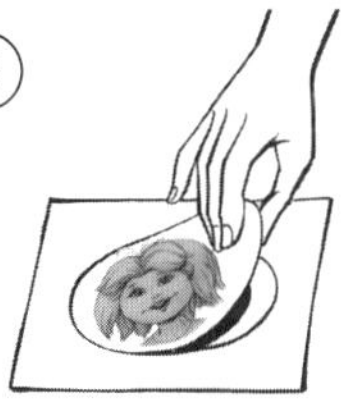

⑦
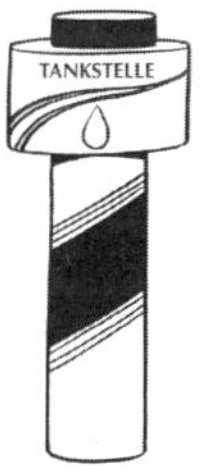

⑧
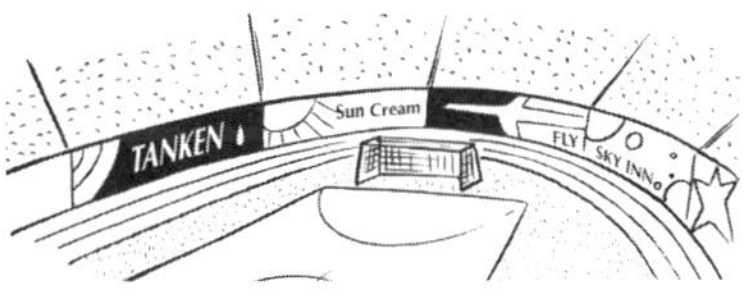

⑨

⑩

Verena Euler: Deutsch 9/10 berufsbezogen
© Auer Verlag

6.2 Richtig schreiben und sich gut ausdrücken (Schilder- und Lichtreklamehersteller/-in)

b) Die fertigen Produkte werden der Öffentlichkeit präsentiert und dürfen keinesfalls Fehler in Rechtschreibung, Grammatik oder Zeichensetzung aufweisen. Finde in den folgenden Beispielen die Fehler und schreibe die Werbeschilder richtig in dein Heft.

Schreinerei Ahorn
Ihr Holzexperte seid 1985

Waldmann & Co
Ihr Marklerbüro für Ferienwohnungen im grünen

Mobile Reperaturwerkstadt
Inh. Ingo Alles
– Fenster, Rolläden, Jalousien
– Haustüren, Garagentore
www.IngaAlles@reparieren.com

Zweirad Keller
Finden sie ihr Rad!

Hilde's Raststädte
Da ist man am Besten!

Freibad Meeresbrise
Öffnungszeiten vom Mai – August:
Täglich um 7.00 Uhr – 21.00 Uhr

Musikschule Kontrabas
Wir garantieren, das der Spass nicht zu kurz kommt.

c) Bei der Rechtschreibung ist auch der Kontext, in dem ein Wort verwendet wird, zu berücksichtigen, um sprachliche Missverständnisse zu vermeiden. Gib den lückenhaften Sätzen einen Sinn, indem du das richtige Homofon einsetzt. Schreibe in dein Heft.

① Montagmorgens werden von der städtischen Müllabfuhr die Mülltonnen (__).
In der Schule wird Kindern und Jugendlichen Wissen (__).

② (__) findest du in Gedichten.
Eine Blase an der (__) ist beim Laufen meist schmerzhaft.

③ Wir kaufen einen großen (__) Brot.
Ich habe viele (__)gerichte.

④ Die Dame fragt den Taxifahrer nach der (__).
Dinosaurier lebten in der (__).

⑤ Bei einer Harfe entsteht durch Zupfen der (__) ein Ton.
Der Roman hat über 300 (__).

⑥ (__) wird es morgen aus der Zeitung erfahren.
(__) über Bord!

⑦ Mit unterschiedlichen Farben bemalt die Kosmetikerin das (__) der Kundin.
Das (__) wird bestimmt ein voller Erfolg.

⑧ Märchen sind keine (__) Geschichten.
Da (__) Geräusche im Keller zu hören.

d) Finde selbst fünf weitere Beispiele für Homofone. Schreibe die Sätze in dein Heft.

2. Du sollst die Gestaltung und Beschriftung eines Pylonen für ein Sport- und Freizeitzentrum übernehmen. Berücksichtige dabei die Wünsche des Kunden: Name, Firmenlogo, Piktogramme, acht Sport- und zwei Freizeitangebote, moderne, farbige Schrift, jede Altersgruppe.

a) Fertige zunächst in deinem Heft eine Skizze an.
b) Übertrage nun deinen Vorschlag auf ein extra Blatt Papier und präsentiere ihn anschließend deiner Klasse.

Verena Euler: Deutsch 9/10 berufsbezogen
© Auer Verlag

6.3 Fachausdrücke verstehen und nutzen (Operationstechnische/-r Assistent/-in)

Was macht eigentlich ein Operationstechnischer Assistent/ eine Operationstechnische Assistentin (OTA)?

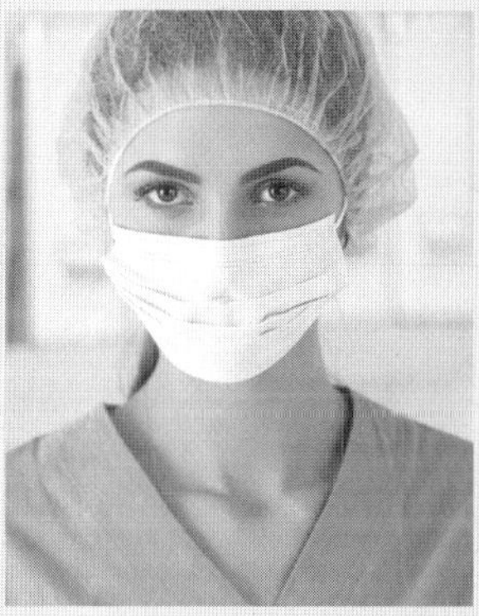

OTAs tragen eine hohe Verantwortung, da sie Operationen vorbereiten und den Ärzten während dieser assistieren. Sie müssen alle benötigten Instrumente anreichen und den Ablauf/die Vorgänge im OP dokumentieren. Sie haben sich zudem um die Bestellung fehlender Materialien zu kümmern. OTAs bereiten aber auch die Patienten auf eine OP vor und betreuen sie währenddessen. In diesem Beruf benötigt man eine rasche Auffassungsgabe und muss viele medizinische Fachbegriffe und Instrumente kennen, um im richtigen Moment das benötigte Instrument oder Material anzureichen.

1. Ausbilderin Barbara Flink testet regelmäßig ihre Auszubildenden, indem sie ihnen Arbeitsschritte beschreibt oder vorführt und diese ihr den Fachausdruck nennen müssen.

a) Schreibe das richtige Fremd-/Fachwort mit der genannten Erklärung in dein Heft.

① „Wenn ich einen Arzt nach seiner Anweisung bei der Operation unterstütze, indem ich ihm die benötigten Instrumente anreiche, nennt man das ____________."

operieren | dekorieren | assistieren

② „Wenn ich z. B. das Operationswerkzeug von Krankheitserregern befreie, also keimfrei mache, nennt man das ____________."

desinfizieren | diagnostizieren | therapieren

③ „Wenn ich den Operationsverlauf und die verwendeten Materialien lückenlos aufschreibe, nennt man diesen Vorgang ____________."

manipulieren | dokumentieren | inhalieren

④ „Wenn die Medikamenteneinnahme durch den Mund erfolgt, z. B. bei Tabletten, geschieht diese Einnahme _______."

lokal | oral | ambulant

⑤ „Wenn ein Arzt nach einem kleinen Messer mit feststehender Klinge verlangt, braucht er _______."

eine Pinzette | ein Stethoskop | ein Skalpell

⑥ „Wenn Patienten sich z. B. einen Arm gebrochen haben, nennt man das _______."

Fraktur | Dressur | Statur

b) Schlage die nicht zugeordneten Wörter in einem Wörterbuch nach und notiere sie mit ihrer Erklärung in deinem Heft. Versuche, dabei eigene Beispiele und Umschreibungen zu wählen.

c) Unterstreiche alle Fremdwörter, die nicht zur „Medizinsprache" gehören.

Verena Euler: Deutsch 9/10 berufsbezogen
© Auer Verlag

6.3 Fachausdrücke verstehen und nutzen (Operationstechnische/-r Assistent/-in)

2. Auch in der Alltagssprache verwenden wir viele Fremdwörter, die uns aber nicht mehr fremd erscheinen.

a) Finde die zehn Fremdwörter (Nomen) aus dem Bereich der Medizin. Setze die richtigen Wortbausteine aus dem Kasten zusammen und notiere sie in deinem Heft.

Do schi ti ku Pa zen a se Al gi tät e ti Hek ne

Sta ti Qua ne on tik Ma on gno ti ment li Hy

na ter Di tra ent Kon ve

b) Schlage nun in einem Wörterbuch ihre Bedeutung und sprachliche Herkunft nach. Notiere wieder in deinem Heft.

3. OTAs müssen auch von Fremdwörtern verschiedene Wortarten beherrschen.

a) Lege in deinem Heft folgende Tabelle an.

Nomen	Verben	Adjektive

b) Ordne die genannten Wörter zu und ergänze die fehlenden Wortarten.

präzise Sterilisation operieren

Zentrum funktional

c) Welche Fremdwörter fallen dir ein? Notiere fünf in deiner Tabelle im Heft. Sie müssen nicht aus der Medizin stammen.
Hinweis: Fremdwörter enden oft auf -ie, -tion, -ieren, -ell oder -iv.

4. Der Operationstechnische Assistent Ingo Hauck muss bei der Dokumentation Fremdwörter richtig schreiben können. Entscheide dich für eine Schreibweise und notiere sie in deinem Heft. Kontrolliere deine Lösung anschließend mithilfe des Wörterbuchs.

1. Terapy oder Therapie oder Therapy
2. Sümtom oder Symtom oder Symptom
3. Termometer oder Thermometer oder Termohmeter
4. Bandage oder Bandache oder Bandasche
5. Apszess oder Abszess oder Abscess
6. Backterien oder Bakterien oder Bakkterien

Verena Euler: Deutsch 9/10 berufsbezogen
© Auer Verlag

Lösungen

1.1 Informieren und Beraten (Internationale/-r Luftverkehrsassistent/-in) S. 5/6

1. a) Individuelle Lösung
b) Mögliche Lösung:
Abschluss: Mittlerer Bildungsabschluss; Aufgaben: Passagiere informieren und betreuen; am Schalter arbeiten (Sitzplatzreservierung, Ticketausgabe); regeln, wenn etwas nicht planmäßig verläuft (z. B. Flug verpasst oder Flugausfall wegen Streik, ...); sich um Gepäckaufgabe und verlorene Gepäckstücke kümmern; Einsatz auch bei der Flugzeugabfertigung im Bereich Fracht und Vorfeld; enge Zusammenarbeit mit den Gates (pünktliches Abfliegen, gleichmäßiges Beladen); Kenntnisse: gute Sprachkenntnisse in Englisch und Spanisch (weitere Infos siehe berufliche Internetseiten)

2. a) Frau Helena Anderson fliegt am 12. April mit der Airline Happy Flight (HF 7773) von Frankfurt nach München. Das Flugzeug startet um 14.15 Uhr. Sie muss um 13.45 Uhr am Gate C sein, um in den Flieger einzusteigen. Das Gate schließt 15 Minuten vor Abflug. Sie sollte aber darauf achten, ob sich das Abfluggate geändert hat. Ihr Sitzplatz befindet sich in der Economy Class in der Reihe 35 am Fenster. Sie darf zwei Gepäckstücke mit insgesamt 21 kg mitnehmen.

b)

Name of passenger
Brixon/Jason Mr.

Flight	Board		Gate	Seat	Class
HF 7773	**05 SEPT**	**17:05**	**B4**	**26E***	**Y**
	DEP	**17:35**			

From: **MUC**
To: **FRA** Baggage: **1 17**

0 030405 109005

Gate closes 15 minutes prior to departure. Please observe possible gate changes.

Bordkarte/Boarding Pass

Name of passenger
Brixon/Jason Mr.

FRA
MUC
HAPPY FLIGHT

Carrier	Flight No./Class		Date
HF	**7773**	**Y**	**05 SEPT**

Gate	Boarding Time	Seat
B4	**17:05**	**26E***

* Hier sind mehrere Lösungen möglich.

1.2 Telefonische Verkaufsgespräche (Kaufmann/-frau für Dialogmarketing) S. 7/8

1. Individuelle Lösung

2. a) Mögliche Lösung:
- sich im Namen des Hauses entschuldigen
- aufmerksam zuhören, auch wenn Kunde Unwichtiges erzählt und seiner Wut freien Lauf lässt
- den Kunden und sein Anliegen ernst nehmen
- persönliche und unsachliche Äußerungen ignorieren, sachlich bleiben
- recht schnell eine Lösung finden
- freundliche Geste anbieten, z. B. Rabatt, Gutschein, Übernahme der Versandkosten
- sich freundlich verabschieden

b) Mögliche Lösung:
- Guten Tag Frau/Herr..., wie kann ich Ihnen behilflich sein?
- Wir hätten ein tolles Angebot für Sie.
- Derzeit haben wir den gewünschten Artikel leider nicht vorrätig.
- Haben Sie noch einen weiteren Wunsch?
- Herzlich willkommen bei ...
- Wir danken Ihnen für Ihren Einkauf.

c) Mögliche Lösung:
- während des Telefonats nicht essen und trinken
- in einer ruhigen Umgebung telefonieren

Verena Euler: Deutsch 9/10 berufsbezogen
© Auer Verlag

- keine anderen Tätigkeiten nebenbei ausführen, z. B. Simsen
- gut gelaunt telefonieren, nicht wütend
- ausgeschlafen sein
- zuhören, was der Gesprächspartner sagt, nicht an etwas Anderes denken
- dem Gesprächspartner nicht nur Kurzantworten (ja, nein) geben
- auf das Anliegen des Gesprächspartners eingehen (evtl. auch beruhigen)
- immer freundlich bleiben
- Gesprächsnotizen anfertigen
- schwierige Namen buchstabieren lassen
- Äußerungen, die akustisch nicht verstanden wurden, nochmal wiederholen lassen

1.3 Betreuen und Unterstützen (Altenpfleger/-in) S. 9/10

1. Lösungsvorschlag:

Frau L: Was ist der Grund für diesen Termin? Was ist dieser Pflegegrad?
Frau M: Der Medizinische Dienst möchte in Erfahrung bringen, wie viel Unterstützung Sie über den Tag verteilt von uns Pflegern brauchen. Die Krankenkasse legt dann einen Pflegegrad fest, um zu bestimmen, wie viel Geld zu zahlen ist. Der Pflegegrad der einzelnen Bewohner hat auch Einfluss auf unsere Dienstpläne und unseren Personaleinsatz.
Frau L: Wie lange dauert der Termin?
Frau M: Der Termin wird den Großteil des Vormittags in Anspruch nehmen.
Frau L: Nach was genau schaut der Medizinische Dienst bei mir?
Frau M: Er befragt Sie zur Körperpflege (Wie gut können Sie sich alleine waschen, duschen etc.), zur Ernährung (Können Sie selber kochen?), zur Mobilität (Wie gut können Sie alleine aufstehen und sich an- und ausziehen?).
Frau L: Bin ich bei dem Termin alleine oder ist jemand dabei?
Frau M: Da Sie keine Angehörigen haben, werden Sie von mir unterstützt.
Frau L: Wann kann ich denn mit einem Ergebnis bzw. einer Entscheidung rechnen?
Frau M: Der Medizinische Dienst erstellt ein Gutachten. In der Regel dauert es vier bis fünf Wochen.

2. *Herr S:* Wie sieht eigentlich das Pflegegutachten von Frau Liebmann aus?
Frau M: Der MDK hat für sie den Pflegegrad 1 festgelegt, obwohl sie den Pflegegrad 2 benötigt. Deshalb möchte sie bei der Pflegekasse Widerspruch einlegen.
Herr S: Das scheint der richtige Weg zu sein. Ich habe mit dem Amtsgericht telefoniert, damit für Frau Liebmann ein Betreuer bestellt wird. Es sind aber noch einige andere Dinge zu regeln.
Frau M: Da stimme ich Ihnen zu. Ganz dringend müssen Anträge auf Rente gestellt werden. Dazu muss mit der Rentenversicherung Kontakt aufgenommen werden.
Herr S: Wegen der Witwenrente und der Altersrente habe ich bereits mit der entsprechenden Person der Rentenversicherung gesprochen.
Frau M: Auch mit dem zuständigen Sozialamt sollten schnellstmöglich alle Angelegenheiten geklärt werden, sodass für Frau Liebmann keine finanzielle Lücke entsteht.
Herr S: Gut. Was können wir selbst in unserem Haus noch verbessern?
Frau M: Über den Tag benötigt Frau Liebmann unbedingt mehr Körperpflege! Dem Anschein nach leidet sie an Inkontinenz.
Herr S: Ihre Kollegin aus der Frühschicht hat dies bereits erwähnt. Weiter scheint es auch hinsichtlich der Mobilität im Haus Schwierigkeiten zu geben.
Frau M: Ja, das ist richtig. Da Frau Liebmann etwas unsicher läuft und steht, sollten wir ihr einen Rollator zur Unterstützung bereitstellen.
Herr S: Das ist kein Problem. Abschließend sollten wir noch klären, ob wir im Rahmen der Ernährung noch Änderungen vorzunehmen haben.
Frau M: Hier habe ich in Absprache mit den Kollegen bereits einen Diätplan in Auftrag gegeben. Die Essgewohnheiten von Frau Liebmann sind nicht altersgerecht.
Herr S: Wunderbar. Dann haben wir alles Wichtige besprochen.

Verena Euler: Deutsch 9/10 berufsbezogen
© Auer Verlag

2.1 Fachwissen weitergeben (Fachangestellte/-r für Medien- und Informationsdienste der Fachrichtung Bibliothek) S. 11–13

1. a) ① Person, die ein Buch geschrieben hat
② ausgedachter Name, unter dem man Bücher oder Texte schreibt
③ Betrieb, der Bücher herstellt und verkauft
④ Hier werden alle, die am Inhalt und der Gestaltung eines Buches mitgewirkt haben, namentlich erwähnt.
⑤ Personen, die Texte oder Werke von anderen Leuten vorbereiten und zu einem Buch zusammenstellen
⑥ eindeutige Kennzeichnung von z. B. Büchern und Multimediaprodukten im Buchhandel mit einer internationalen Standardbuchnummer

b) Walther von der Vogelweide (1170–1230, Mittelalter), Johann Wolfgang von Goethe (1749–1832, Sturm und Drang, Klassik), Hans Christian Andersen (1805–1875, Romantik), Erich Kästner (1899–1974, Literatur der Weimarer Republik), Mascha Kaleko (1907–1975 Neue Sachlichkeit, Literatur der Weimarer Republik), Peter Härtling (1933–2017, Neue Subjektivität), Bernhard Schlink (geb.1944, Gegenwart)

2. a)

- Texte
  - fiktional
    - literarische Texte
      - Epik: Novelle, Roman, Kurzgeschichte, Fabel, Märchen
      - Lyrik: Ballade, klassisches Gedicht, modernes Gedicht, Lied, Epigramm
      - Dramatik: Tragödie, Komödie, Hörspiel, Schauspiel
  - nicht fiktional
    - Sachtexte: Gebrauchsanweisung, Fachzeitschrift, Sachbuch, Wörterbuch, Lexikon, Gesetz, Werbeanzeige
    - triviale Texte: Witz, Rätsel, Comic, Schlagertext, Unterhaltungsroman
    - Massenmedien: Interview, Reportage, Kommentar, Glosse, Hörbuch, Drehbuch

b) ① Märchen (Vergangenheit, typische Einleitungsworte)
② Kurzgeschichte (offener Anfang, Vergangenheit, eine Person steht im Vordergrund)
③ Erlebnisbericht (Ich-Form, Sachlichkeit, W-Fragen, Vergangenheit)
④ Leserbrief (Bezug zu einem Zeitungsartikel, eigene Meinung)

3. Individuelle Lösung

2.2 Konzepte erstellen und präsentieren (Veranstaltungskaufmann/-frau) S. 14/15

1. a)–e) Individuelle Lösung

2. a) ① Fremdwörter: The Freshmaker (Mentos)
② Alliteration: Natürlich nasch ich. (Balisto)
③ Reim: Du bist, was du isst. (Wasa)
④ Rhetorische Frage: Sind Sie on? (E.ON)
⑤ Ellipse: Alles super. (Aral)
⑥ Wortneuschöpfung: Framstag (Penny)
⑦ Personifikation: Der Käse, der aus der Reihe tanzt (BabyBel)

b) Individuelle Lösung

Verena Euler: Deutsch 9/10 berufsbezogen
© Auer Verlag

3. a) A (Attention): Die Aufmerksamkeit des Kunden wird auf das Produkt gelenkt.
I (Interest): Das Interesse des Kunden für das Produkt wird geweckt.
D (Desire): Der Wunsch, das Produkt zu besitzen, wird ausgelöst. Dieser Wunsch führt zur Kaufentscheidung.
A (Action): Der Kunde kauft das Produkt.
b) Individuelle Lösung

4. a) Individuelle Lösung
b) Der Deutsche Werberat regelt Konflikte zwischen Verbrauchern und Werbemachern. Er setzt sich aus Vertretern der Wirtschaft, den Medien, Werbeagenturen und sonstigen Werbeberufen zusammen. Er nimmt Beschwerden aus der Bevölkerung über Werbemaßnahmen auf und prüft sie. Bei berechtigter Kritik nimmt er Kontakt zu den Werbemachern auf. Der Werberat beruft sich auf die allgemeinen Gesetze sowie auf werberechtliche Verordnungen.

2.3 Kompetent beraten (Pharmazeutisch-technische(r) Assistent/-in) S. 16–18

1. a)–c) Mögliche Fragen des PTAs, die auf die Antworten abgestimmt sind
Hr. Froh: (freundliche Begrüßung, Beratung anbieten)
Hr. Froh: (Frage nach Hauttyp und wie lange sich der Kunde in der Sonne ohne Sonnenschutz aufhalten kann)
Hr. Froh: (Frage, wie viele Stunden sich der Kunde der Sonne aussetzen muss und in welchem Zeitraum/zu welcher Uhrzeit; wo er sich aufhält: am Meer/Strand, in den Bergen oder in der Region)
Hr. Froh: (Frage, ob Sonnencreme wasserfest sein sollte)
Hr. Froh: (PTA empfiehlt LSF 30 nach folgender Berechnung: Hauttyp 2, der maximal 20 Minuten ungeschützt in der Sonne bleiben kann, und hohen LSF, da empfindlicher Hauttyp und er sich nicht ständig eincremen kann/muss; dann Hinweis, dass Hautärzte empfehlen, 60 % der errechneten Sonnenzeit als Richtwert zu wählen: 20 Min. x 30 LSF = 600 Min.)
Hr. Froh: (richtig, da 600 Min. – 60 % = sechs Stunden)
Hr. Froh: (freundliche Verabschiedung)

2. a) ① Reizend, ② Sehr giftig, ③ Brandfördernd, ④ Ätzend, ⑤ Gesundheitsschädlich, ⑥ Explosionsgefährlich
b) Das Symbol stellt ein rotes gotisches A mit eingezeichnetem Arzneikelch mit Schlange dar. Der Giftkelch symbolisiert die giftigen Stoffe, mit denen der Apotheker zu tun hat, die Schlange steht für Gesundheit, den antiken Heilgott Äskulap.
1929 entstand bei einem Wettbewerb das Symbol der „Drei-Löffel-Flasche“, das bis 1936 von vielen Apothekern als offizielles Zeichen verwendet wurde. Zur Zeit des Nationalsozialismus wurde dieses von einem roten A mit einer Lebensrune abgelöst. Nach dem Krieg war das Runezeichen nicht mehr zulässig, sodass es 1951 durch einen Arzneikelch mit Schlange ersetzt wurde.

3. a) und b) <u>Species deflatulentes</u> (blähungstreibender Tee, Magentee zur Beruhigung): Kamillenblüten (Florum Chamomillae) gegen Magen-Darm-Beschwerden, Pfefferminzblätter (Menthae piperitae folium) gegen Verdauungsbeschwerden, Anisfrucht (Anisi fructus) gegen Verdauungs- und Erkältungsbeschwerden, Kümmelfrucht (Carvi fructus) gegen Blähungen, Verdauungsbeschwerden und Krämpfe, Baldrianwurzel (Valerianae Radicis) gegen Schlafstörungen und Nervosität

Verena Euler: Deutsch 9/10 berufsbezogen
© Auer Verlag

2.4 Diskontinuierliche Texte erstellen und erklären (Fachangestellte/-r für Markt- und Sozialforschung) S. 19–22

1. a) ① Tortendiagramm, ② Landkarte, ③ Kurvendiagramm, ④ Pyramidendiagramm

b) Mögliche Lösung:

Organigramm

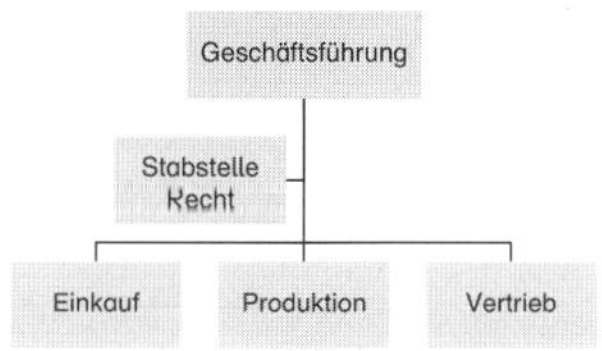

Zyklusdiagramm

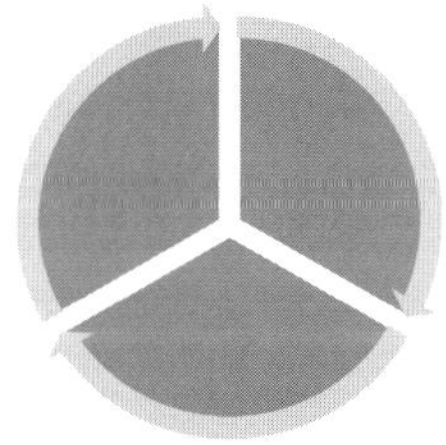

Tabelle

Haustier	Anzahl	%
Hund	10	6
Katze	8	4,8
Vogel	3	1,8
Hamster	2	1,2
Hase	4	2,4

Balkendiagramm

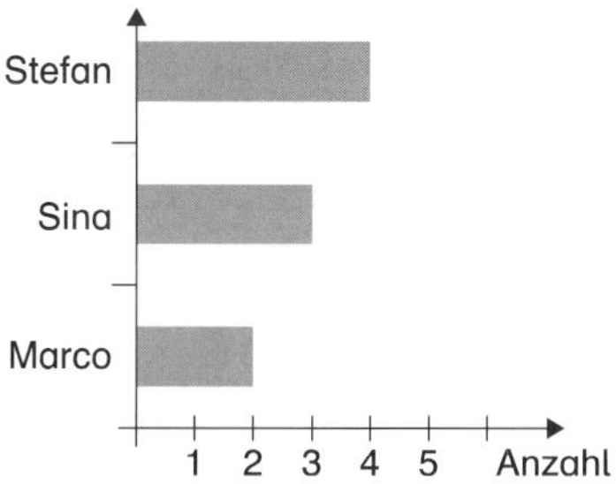

Kreisdiagramm

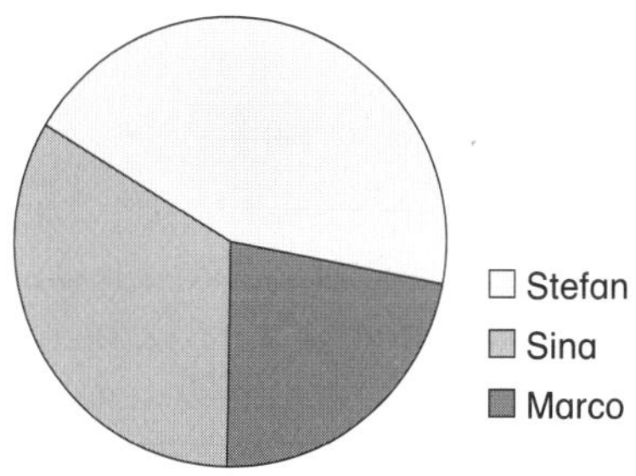

Säulendiagramm

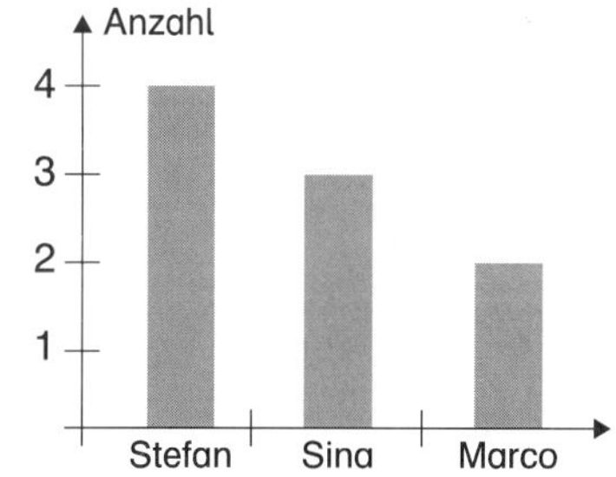

2. a) ① In NRW besuchen 335 396 Schüler eine Musikschule.
② Das Alter der sächsischen Schüler ist bei 2,2 % unbekannt.
③ Eine Altersgruppe lässt sich aus sechs Tabellenspalten ablesen.
④ In Hessen gehen 16,3 % der Schüler unter sechs Jahren in eine Musikschule.
⑤ Bremen zählte 2017 die wenigsten Musikschulbesuche.
⑥ Prozentual gesehen, steht Thüringen beim Besuch einer Musikschule von Jugendlichen im Alter zwischen 15 und 19 Jahren an zweiter Stelle.
⑦ Hamburg zählt prozentual mit Abstand die meisten Besuche in einer Musikschule in der Altersgruppe der Sechs- bis Zehnjährigen.
⑧ Weniger als 0,9 % der Schüler, deren Alter unbekannt ist, gehen in Thüringen in eine Musikschule.

b)

Hobbys	Jungen	Mädchen
Fußball	5	2
Internet	4	2
Reiten	2	4
Lesen	1	3
Turnen	1	3
Sonstiges	1	1

c) ① Hauptauslöser von Überschuldung bei unter 25-Jährigen sind Arbeitslosigkeit und unwirtschaftliche Haushaltsführung.
⑤ Bei 65-Jährigen und älteren Personen hat die Arbeitslosigkeit die geringste Auswirkung auf Überschuldung.
⑦ Bei unter 25-Jährigen und 25- bis unter 45-Jährigen ist die Arbeitslosigkeit mit über 20 % einer der Hauptauslöser von Überschuldung.
⑧ Erkrankung, Sucht und Unfall sind die dritthäufigste Ursache für eine Überschuldung bei unter 25-Jährigen.

3. Individuelle Lösung (Säulen- oder Balkendiagramm)

Verena Euler: Deutsch 9/10 berufsbezogen
© Auer Verlag

4. Mögliche Lösung: Überschrift: Jährlicher Pro-Kopf-Verbrauch an Seife im Jahr 1968

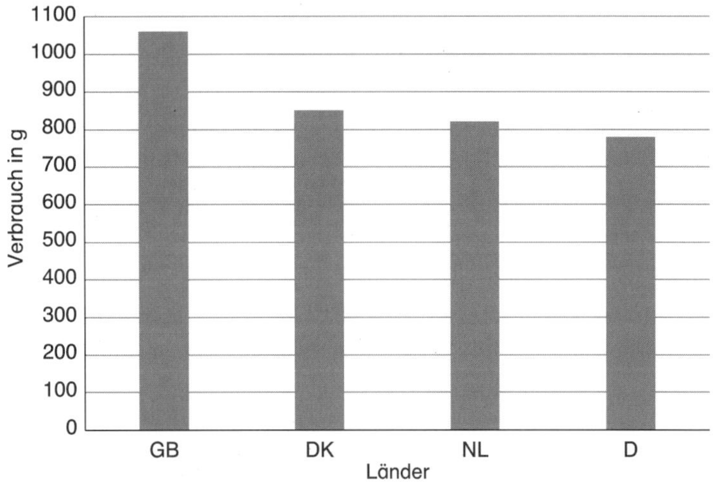

2.5 Piktogramme verstehen (Gebäudereiniger/-in) S. 23/24

1. a) Beim Entleeren von Mülleimern in Büroräumen sollte man Einweghandschuhe tragen. Bevor der Mülleimer einen neuen Beutel bekommt, sollte er mit einem Tuch feucht ausgewischt werden.
Beim Reinigen von Fußböden mit einem Hochdruckreinigungsgerät sollte man eine Schürze, Schutzhandschuhe, Schutzschuhe, eine Schutzbrille und einen Atemschutz tragen.
Beim Reinigen von Sanitärräumen mit Desinfektions-, Putz- und Scheuermitteln sollte man Schutzhandschuhe und Atemschutz tragen. Eine Reinigung sollte bei geöffnetem Fenster erfolgen.
b) ① Augenkontakt vermeiden. Falls das Produkt in die Augen gelangt, diese gründlich mit Wasser ausspülen.
② Umweltgefährliche Stoffe
③ Ätzend. Dieser Stoff kann die Haut verätzen.
④ Gesundheitsgefahr

2. ① Notausstieg mit Fluchtleiter (grün), ② Hautschutzmittel benutzen (blau), ③ Kein Trinkwasser (rot), ④ Warnung vor elektrischer Spannung (gelb)

3. a) ① Ein Gebäudereiniger rennt mit seinem Reinigungswagen durch den Gang, der gerade geputzt wird. Mit einem Reinigungswagen oder entsprechenden Geräten darf nicht gerannt werden. Wenn der Boden nass ist, immer ein Schild aufstellen, damit niemand ausrutscht.
② Einer der beiden Gebäudereiniger trägt keinen Schutzhelm und hat sich nicht gesichert. Vor Arbeitsbeginn Auffanggurt anlegen und Schutzhelm aufziehen.
③ Die Gebäudereinigerin trägt offenes Schuhwerk. Das Reinigungsmittel muss immer vor Arbeitsbeginn in einem speziellen Putzraum und nach bestimmten Vorschriften gemischt werden – nicht in einer öffentlichen Toilette über dem Waschbecken. Der Umweltschutz muss dabei beachtet werden. Darüber hinaus muss geschlossenes Schuhwerk getragen werden.
④ Der Gebäudereiniger, der in einem Labor arbeitet, hat seinen Mundschutz und seinen Handschuh abgelegt. In der Laborreinigung müssen spezielle und sehr strenge Hygiene- und Sicherheitsmaßnahmen getroffen und eingehalten werden. Man ist Keimen und Krankheitserregern in hohem Maße ausgesetzt.
b) Mögliche Lösung:
① Laufen verboten (Verbot – rot), Vorsicht Rutschgefahr (Warnung – gelb)
② Auffanggurt anlegen (Gebot – blau), Schutzhelm tragen (Gebot – blau)
③ umweltschädlich (Warnung – gelb), Schutzschuhe tragen (Gebot – blau)
④ Schutzkleidung tragen (Gebot – blau), Schutzhandschuhe tragen (Gebot – blau), Mundschutz tragen (Gebot – blau), Essen und Trinken verboten (Verbot – rot)

Verena Euler: Deutsch 9/10 berufsbezogen
© Auer Verlag

Lösungen

2.6 Informieren und Beraten (Kaufmann/-frau für Tourismus und Freizeit) S. 25–28

1. a) Neues Rathaus (C3), Deutsches Museum (E5), Feldherrnhalle (D2), Frauenkirche (C3), Königsplatz (A1), Isartor (E4)
b) Englischer Garten (E/F1), Hofgarten (D/E2), Viktualienmarkt (C/D4)
c) Ludwigsbrücke (E/F5), Maximiliansbrücke (F/G4), Luitpoldbrücke (G2); Die Maximiliansbrücke führt über die Praterinsel.

2. a) ① Herkules thront mit seinen 70 Metern hoch über dem Bergpark Wilhelmshöhe in Kassel.
② Gemütlich schwebt man mit der Seilbahn von der Winzerstadt Rüdesheim über die Weinberge zum Niederwalddenkmal mit der Statue Germania.
③ Spielort der bekannten Festspiele ist eine alte Stiftsruine in der gleichnamigen Stadt Bad Hersfeld.
④ In Darmstadt kann man die Mathildenhöhe, eine wunderschöne Gartenanlage, bewundern.
⑤ Politische Diskussionen werden im Hessischen Landtag in Wiesbaden geführt.
⑥ Der „Bleistift", der Messeturm, prägt das Bild der Skyline von Frankfurt.
⑦ Sowohl Fulda in Osthessen, als auch Limburg, ist eine Domstadt.
b) ① Der 550 km lange und 1 800 Jahre alte Limes (Grenzwall der Römer) führt durch Baden-Württemberg, Bayern, Hessen und Rheinland-Pfalz.
② Der deutsche Schriftsteller Johann Wolfgang Goethe war zur juristischen Ausbildung in der Stadt Wetzlar am Reichskammergericht.
③ Die Brüder Jacob und Wilhelm Grimm, die z. B. Rotkäppchen und Rapunzel schrieben, sind in Hanau geboren.
④ Der Hessentag fand zum ersten Mal im Juni 1987 in der nordhessischen Kleinstadt Melsungen statt.
⑤ Das tierische Produkt Elfenbein wird von Schnitzern in Erbach im Odenwald verarbeitet.

3. ② Die wenigsten Gästeübernachtungen gab es in den Jahren 1997 und 1998.
③ 2018 zählte Hessen die meisten Gästeübernachtungen.
④ Seit 1993 sinkt die durchschnittliche Aufenthaltsdauer in Hessen.
⑦ Die wenigsten Gästeankünfte gab es im Jahr 1993.
⑧ Seit 1997 gibt es in Hessen jährlich mehr als neun Millionen Gästeankünfte.

4. a) Mögliche Fragen: Welche kulturellen Angebote werden genutzt? Welche kulturellen Angebote gibt es? Welches Angebot/Event wurde zuletzt besucht?
Es kann angekreuzt werden, ob der Befragte weiblich oder männlich ist, sodass Unterschiede bei den genutzten Angeboten analysiert werden können.
b) Individuelle Lösung; grafische Darstellungsform, z. B. Säulendiagramm oder Balkendiagramm
c) Individuelle Lösung

3.1 Formulare erstellen und bearbeiten (Koch/Köchin) S. 29/30

1. a) Preis ohne MwSt.: 1636,40 €; Endpreis mit 19 % MwSt.: 1947,32 €
b) Mögliche Lösung: Briefkopf: Absender, Empfänger; Art des Schreibens/Betreff; Datum des Schreibens; Anrede; kurze Einleitungssätze; Lieferdatum; genaue Aufstellung, wie sich der Endpreis zusammensetzt; Hinweis auf Zahlfrist; Bedanken für Vertrauen und Auftrag; Grußformel; Unterschrift; Bankverbindung

2. a) Statt 500 g Weinbergschnecken wurden 5 kg geliefert.
Die Austern haben zwar eine andere Verpackungseinheit, es sind aber insgesamt – wie bestellt – 80 Stück.
Die bestellten Nori Algen wurden durch Wakame Algen ersetzt.
Der Queller im Körbchen bringt 100 g weniger auf die Waage.
b) Individuelle Lösung

Verena Euler: Deutsch 9/10 berufsbezogen
© Auer Verlag

3.2 E-Mail-Kommunikation (Kaufmann/-frau im Groß- und Außenhandel der Fachrichtung Großhandel) S. 31–33

1. a) und b) Individuelle Lösung

2. a) Individuelle Lösung

b) Mögliche Lösung:

- Im Betreff muss der Ausbildungsberuf genannt werden, da manche Betriebe verschiedene Ausbildungsplätze zu vergeben haben.
- Da der Ansprechpartner bekannt ist, wird er auch direkt angesprochen. Es soll keine allgemeine Anrede verwendet werden.
- Nach der Anrede steht ein Komma, sodass klein weitergeschrieben werden muss.
- Anredepronomen werden immer großgeschrieben (Ihre, Sie).
- unschöne Wortwahl: durch Zufall, Posten, geschafft, reingeschnuppert, Chatten
- „Vor sechs Wochen" ist ungenau, das Datum sollte genannt werden.
- Die Textpassage von „äußerst kontaktfreudig" bis „immer aufgeräumt" ist inhaltlich ungenau, es werden keine Beispiele genannt, anhand derer sich die Fähigkeiten nachweisen lassen. Die sprachliche Ausdrucksweise ist nachteilig, da der Eindruck entsteht, der Bewerber führe Privatgespräche während der Arbeitszeit und lasse die eigentliche Arbeit liegen und er erledige seine Arbeit oberflächlich, weil er schnell wieder einen aufgeräumten Schreibtisch haben möchte.
- Es sollten keine Angaben von anderen Personen in einer Bewerbung stehen („hat meine Mutter Ihre Stellenanzeige gefunden").
- Die guten Rechtschreibkenntnisse sowie das gute Ausdrucksvermögen sind nicht gegeben (Kleinschreibung von Nominalisierungen, Nomen und Anredepronomen).
- Bei der Bitte um eine Einladung sollte man sachlich bleiben und nicht darum betteln („Laden Sie mich bitte zu einem Vorstellungsgespräch ein.").
- Die Grußformel „Mit freundlichen Grüßen" darf nicht durch MfG abgekürzt werden.
- Grundsätzlich sollten im Bewerbungstext berufsbezogene Freizeitbeschäftigungen genannt und es sollte auch auf die in der Stellenanzeige gesuchten Fähigkeiten eingegangen werden. Eine Aufzählung der geforderten Fähigkeiten und Kenntnisse genügt nicht.

3. Mögliche Lösung:

- Inhaltlich unterscheidet sich eine E-Mail-Bewerbung nicht von der Bewerbung in Papierform.
- Die Rechtschreibung sollte trotz Rechtschreibkorrekturprogramm selbst geprüft werden (ebenso wie Zeichensetzung, Grammatik, Satzbau).
- Weder im Anschreiben noch im Lebenslauf werden Emojis, Cliparts oder farbige Elemente verwendet.
- Die E-Mail-Bewerbung wird nicht an eine Sammelstelle verschickt, sondern an die für die Bewerbung zuständige Person oder Abteilung.
- Jede Firma wird separat angeschrieben, es wird kein Verteiler mit allen Firmennamen angegeben.

3.3 Verschiedene Kommunikationsformen nutzen (Kaufmann/-frau für Spedition und Logistikdienstleistung) S. 34–36

1. a) Offene Aufgabe

b) Kunde Xaver Wunderlich, zwei kleine Lkw, 60 Gemälde und 40 Metallskulpturen, Transportstrecke von Kassel nach Berlin, am 11.10.2018 Abholung um fünf Uhr am Atelier, Ankunft in Berlin zwischen 17 und 18 Uhr

c) Individuelle Lösung

2. a) und b) Individuelle Lösung

Verena Euler: Deutsch 9/10 berufsbezogen
© Auer Verlag

3.4 Anzeigen schreiben und setzen (Bestattungsfachkraft m/w) S.37/38

1. a) Trauer-/Sinnspruch
Name des Verstorbenen
Geburts- und Sterbedatum
Name der trauernden Angehörigen
Hinweise/Anmerkungen
b) Individuelle Lösung
c) Mögliche Lösung: ① C, F, ② A, B, D, ③ B, E, ④ D

2. a)–c) Individuelle Lösung

3. ① Sie ist nun frei und unsere Tränen wünschen ihr Glück. (Johann Wolfgang von Goethe)
② Und meine Seele spannte weit ihre Flügel aus, flog durch die stillen Lande als flöge sie nach Haus. (Joseph von Eichendorff)
③ Herr, in deine Hände sei Anfang und Ende, sei alles gelegt. (Eduard Mörike)
④ Wer im Gedächtnis seiner Lieben lebt, der ist nicht tot, der ist nur fern; tot ist nur, wer vergessen wird. (Immanuel Kant)

4.1 Erfahrungs-/Entwicklungsbericht schreiben (Erzieher/-in) S.39–41

1. a) Mögliche Lösung:
Einleitung: Celina, fünf Jahre alt, einen acht Jahre alten Bruder, zugezogen, mit drei Jahren in den Kindergarten gekommen
Körperliche und gesundheitliche Entwicklung: achtet sehr auf ihre Körperpflege, isst manierlich und in normalem Tempo, altersgerechtes Gewicht, laktoseintolerant
Motorik: ordentliches Ausmalen und Ausschneiden von verschiedenen geometrischen Formen, balanciert gerne auf dem Holzbalken
Kognitive Fähigkeiten: Regelbewusstsein und -einhaltung, wohlüberlegtes Handeln, betrachtet gerne Bücher und überlegt sich eigene Geschichten, aufmerksame Beobachterin, widmet sich gern und viel vorschulischen Aufgaben
Emotionale Fähigkeiten: ausgeglichen, für Vieles zu begeistern, empathisch, zieht sich ab und zu zurück
Soziale Fähigkeiten: hilfsbereit und freundlich gegenüber anderen Kindern und Erwachsenen, schon nach kurzer Eingewöhnungszeit schnell Freundschaften geknüpft, ausgeprägter Gerechtigkeitssinn, äußerst kompromissbereit, beliebtes Kind in der Gruppe, baut schnell Bindung zu ruhigen Kindern auf, zwei feste Freundinnen, spricht Kinder an und lädt sie zum Mitspielen ein, ist bereit Spielsachen zu teilen
Selbstständigkeit: selbstständiges An- und Ausziehen, kennt ihre Adresse und kann in Notsituationen über sich Auskunft geben, kommt und geht mit ihrem Bruder
Der geschriebene Bericht stellt eine individuelle Lösung dar.

2. a) Zeitformenfehler, Umgangssprache (ging's, Mitbringsel, hocken, Kids, heulend), ungenau (Wie wurde der Streit geschlichtet?), Unwichtiges genannt, eigene Meinung verwendet, Wortwiederholungen (dann, ging)
b) Individuelle Lösung
c) Mögliche Lösung:
- knapp und sachlich schreiben
- Einhaltung der zeitlichen Abfolge
- die wichtigsten W-Fragen beantworten
- im Präteritum schreiben
- eigene Gefühle und Gedanken weglassen
- Wortwiederholungen vermeiden
- Fremdwörter und Fachbegriffe verwenden

Verena Euler: Deutsch 9/10 berufsbezogen
© Auer Verlag

– indirekte Rede
– nicht in Umgangs- oder Jugendsprache schreiben

3. a) ① empathisch, ② impulsiv, ③ konsequent, ④ sozial, ⑤ sensibel, ⑥ dokumentieren, ⑦ respektieren, ⑧ aggressiv

b)

Infinitiv	Präsens	Perfekt	Präteritum	Plusquamperfekt	Futur I
spielen	sie spielt	sie hat gespielt	sie spielte	sie hatte gespielt	sie wird spielen
singen	wir singen	wir haben gesungen	wir sangen	wir hatten gesungen	wir werden singen
melden	ihr meldet	ihr habt gemeldet	ihr meldetet	ihr hattet gemeldet	ihr werdet melden
weinen	er weint	er hat geweint	er weinte	er hatte geweint	er wird weinen
erziehen	sie erziehen	sie haben erzogen	sie erzogen	sie hatten erzogen	sie werden erziehen
rennen	ich renne	ich bin gerannt	ich rannte	ich war gerannt	ich werde rennen

4.2 Schäden aufnehmen und Berichte schreiben (Kaufmann/-frau für Versicherungen und Finanzen der Fachrichtung Versicherungen) S. 42–44

1. Lösungsvorschlag:

Arbeitsunfall: Sturz bei Reinigungsarbeiten

Stauben. Am Dienstagnachmittag, den 11.06.2019, um 16.30 Uhr stürzte in der Firma Life & Co., die sich in der Tannenallee befindet, die 40 Jahre alte Reinigungsfachkraft Regina Fein über das Staubsaugerkabel.

Während des Putzens bekam sie auf ihrem Handy, das sich auf ihrem Putzwagen befand, einen Anruf des Firmenchefs. Sie lief in Richtung des Rollwagens und stolperte über die gespannte Schnur des Staubsaugers. Bei diesem Sturz brach sie sich den rechten Arm und schlug sich das rechte Knie auf.

2. a) ① Der Bankräuber schrie den Angestellten an, er solle den Tresor öffnen.
② Die Verletzte fragte die Sanitäter, ob sie ihren Hund schon gefunden hätten.
③ Das Brandopfer hat der Versicherung gegenüber behauptet, dass es den brandverursachenden Wäschetrockner vorschriftsmäßig angeschlossen habe.
④ Der leicht verletzte Beifahrer bat die geschockte Taxifahrerin, dass sie zu weinen aufhören solle.
⑤ Die Versicherungskauffrau meint, sie bekäme die Polizeiakte zugeschickt.

b) Mögliche Lösung:
– Zeitform Präteritum
– sachlich schreiben
– Reihenfolge der Handlungsschritte einhalten
– W-Fragen beantworten (Einleitung – Hauptteil – Schluss)
– indirekte Rede anwenden
– Fachbegriffe benutzen
– keine eigene Meinung/Wertung oder Kommentare abgeben
– abwechslungsreiche Sprache verwenden

3. ① Der Mannschaftskapitän entschied sich bei dem Münzwurf für „Zahl". (Zeitform)
② Der Dieb behauptete, dass er die Beute nicht in den Wäscheschacht getan habe. (indirekte Rede)
③ Während der Versammlung war es zu einigen Meinungsverschiedenheiten gekommen, die wir zu schlichten hatten. (Zeitpunkt, Zeitdauer Temporalsatz)
④ Am Freitagabend hat es irgendwo dahinten gebrannt. (ungenau)
⑤ Ein ziemlich eingebildeter Mitschüler unserer Klasse wurde gestern auf dem Schulhof bedroht. (eigene Meinung)

4. a) Der Text enthält epische, lyrische und dramatische Elemente.
b)–d) Individuelle Lösung

Verena Euler: Deutsch 9/10 berufsbezogen
© Auer Verlag

4.3 Tätigkeiten beschreiben (Podologe/Podologin) S. 45/46

1. a) Bildreihenfolge: 5, 6, 4, 8, 1, 2, 7, 3

b) Lösungsvorschlag: Fußnägel feilen

Zuerst nehmen die Füße ein zehnminütiges Fußbad, damit die Nägel weich werden. Anschließend sind die Füße, besonders zwischen den Fußzehen, gut abzutrocknen, um Pilzinfektionen zu vermeiden. Nun die Füße desinfizieren und sie auf ein Handtuch stellen. Vorsichtig werden die Nägel mit einer Feile gerade und in eine Richtung gefeilt. Ist die gewünschte Länge und Form erreicht, werden die Nagelränder nachgefeilt, um die scharfen Kanten zu glätten. Nach dem Feilen wird der Feilstaub mit einem feuchten Tuch entfernt. Zum Schluss zur Pflege auf die umliegende Haut und die Nagelplatten etwas Nagelöl geben und dieses in die Nagelhaut einmassieren.

2. a) anschließend, danach, zunächst, als Letztes, zuletzt, am Ende, jetzt, als Nächstes, …

b) Lösungsvorschlag: Zuerst wird der betroffene Fußzeh gründlich desinfiziert. Danach reinigt man den kaputten oder kranken Nagel, bevor die Restnagelplatte aufgeraut wird. Im nächsten Schritt wird die Nagelpfalz gereinigt und lose Nagelteile werden entfernt. Nach der Reinigung trägt man an der Stelle, an der die Nagelplatte beschädigt ist oder fehlt, mit einem Pinsel die fertige Nagelmasse gleichmäßig auf. Diese härtet an der Luft aus. Bei UV-Gel wird zur Aushärtung eine UV-Lampe verwendet. Zum Schluss bearbeitet man die ausgehärtete Masse und verschönert sie auf Wunsch mit Nagellack.

3. a) und b)

Aktiv	Passiv	Umwandlung
	1	Heute führen wir verschiedene praktische Übungen durch.
2		Aylin wird von der Podologin für ihre saubere und ordentliche Arbeitsweise gelobt.
	3	Ich habe die Füße vor der Behandlung desinfiziert.
	4	Sie/Er hat den eingewachsenen Nagel mit einer Spange quer über die Nagelplatte in die korrekte Wuchsrichtung gelenkt.
	5	Jason wird für eine French Pediküre ein weißes Gel an den Nagelspitzen auftragen.
6		Die Nägel wurden von dem Podologen mit einer Feile in Form gebracht.
7		Die Fußnägel waren von Viktoria mit einer speziellen Nagelschere geschnitten worden.
	8	Mandy hatte das auf den Fußzehen aufgetragene Farbgel mittels einer UV-Lampe gehärtet.
	9	Die Auszubildende brachte die Fußnägel der Kundin mit einer Polierfeile auf Glanz.
10		Den Besuchern werden von zwei Auszubildenden verschiedene Fußmassagen vorgeführt werden.

4.4 Briefe schreiben und Befunde dokumentieren (Medizinische/-r Fachangestellte/-r) S. 47/48

1. a) Lösungsvorschlag:

<u>Ablauf Pricktest</u>

Zunächst wird der Unterarm des Patienten mit den zu testenden Allergenen beschriftet. Dafür werden mit einem Kugelschreiber entsprechende Nummern oder Buchstaben aufgetragen. Anschließend werden die entsprechenden Lösungen/Allergene tröpfchenweise auf die Haut gegeben. Zur Kontrolle, ob der Allergietest auch funktioniert, wird jeweils ein Histamin- und ein Kochsalztropfen aufgetragen. Dann werden die Tropfen/Allergene nach und nach mit einer feinen Nadel oder einer Lanzette unter die Hautoberfläche gepricktbzw. gepiekst. Nach ca. 20 Minuten ist der Pricktest beendet. Das Ergebnis wird abgelesen und die Stoffe, die eine allergische Reaktion ausgelöst haben, werden in einem Bogen angekreuzt.

Verena Euler: Deutsch 9/10 berufsbezogen
© Auer Verlag

b) Lösungsvorschlag:
(Absender, Empfänger, Ort und Datum)
Arztbrief
Sehr geehrter Herr Pollmann,
wir haben am 3. Mai 2019 bei Ihnen eine allergologische Austestung durchgeführt.
Im Hauttest reagierten Sie sehr deutlich auf die auch durch Ihre Beschwerden erklärlichen Frühblüher, wie Birke, Hasel und Erle.
Auch die Hausstaubmilben waren im Hauttest positiv. Eine ähnliche Konstellation findet sich auch im Bluttest.
Während Gräserpollen und Roggen negativ getestet wurden, war eine deutliche Erhöhung der Antikörper auf Birke, Erle und Hasel nachzuweisen.
Die von Ihnen auf unserem Fragebogen angegebene Unverträglichkeit von Karotte, Apfel und Birne ließ sich ebenfalls sehr gut durch die entsprechenden Erhöhungen zeigen.
Wie besprochen sollten wir eine orale Hyposensibilisierung beginnen. Hierzu haben wir Ihnen ein entsprechendes Rezept mit den zu bestellenden Allergenen beigelegt.
Bitte vereinbaren Sie hierfür zeitnah einen Termin, um mit der Therapie zu beginnen! Die erste orale Einnahme sollte unter ärztlicher Aufsicht bei uns in der Praxis erfolgen, um einem anaphylaktischen Schock vorzubeugen.
Bis zu einem nächsten Wiedersehen verbleiben wir
mit freundlichen Grüßen
(Unterschrift Arzt)

c) ① Ein anaphylaktischer Schock ist eine Akutreaktion des Immunsystems auf bestimmte allergene Auslöser, die tödlich enden kann.
② In weniger schweren Fällen treten leichtere Symptome, wie Rötungen, Juckreiz, Kopfschmerzen oder Unruhe, auf. Es kann jedoch auch zu Atemnot, Schwindel, Übelkeit oder im schlimmsten Fall zu Kreislaufversagen kommen.
③ Auslöser können Nahrungsmittel, wie Nüsse oder Meeresfrüchte, Insektenstiche oder Medikamente sein.
④ Es sollte umgehend der Notarzt gerufen und Erste Hilfe geleistet werden. Ist die Person bewusstlos, muss sie in die stabile Seitenlage gebracht werden. Bei Atemnot sollte sie sich hinsetzen, bei Kreislaufproblemen hinlegen und die Beine hochlagern. Der mutmaßliche Auslöser, z. B. der Bienenstachel, muss zudem entfernt werden. Falls die Person Allergiker ist und ein Notfallset vorhanden ist, sollte dieses angewendet werden.

2. a) Die Ausformulierung der Stichpunkte stellt eine individuelle Lösung dar.
Schnittverletzung beim Gemüseschneiden:
Handschuhe anlegen, Blutung stoppen, Arm auf Herzhöhe halten, Armarterie zudrücken, Blutung schwächer, sterile Wundauflage, Mullbinde, fest verbinden, Druck auf Wunde ausüben, weiterhin Durchblutung abdrücken, während des Verbindens Arm auf Herzhöhe lagern, ins Krankenhaus/zum Arzt
Hitzekollaps beim Joggen:
lautes Ansprechen, flach hinlegen, Beine hochlagern, warme Kleidung entfernen, abkühlen, Luft zufächern, nasses Tuch, Nacken/Stirn/Oberkörper, Schattenplatz aufsuchen, Flüssigkeit zuführen, Wasser/Fruchtsaftschorle, Notruf absetzen, weitere Versorgung sicherstellen

b) Mögliche Lösung:
- Die verletzte Person aus der Gefahrensituation retten oder diese absichern.
- Einen Notruf absetzen.
- Die verletzte Person ansprechen und mit ihr ruhig reden.
- Ständig die lebenswichtigen Funktionen der verletzten Person kontrollieren.
- Im Umgang mit Verletzten, wenn möglich, immer Schutzhandschuhe tragen. – Eigenschutz geht vor.

Verena Euler: Deutsch 9/10 berufsbezogen
© Auer Verlag

4.5 Versuchsabläufe protokollieren (Chemielaborant/-in) S. 49/50

1. a) Individuelle Lösung
b) Lösungsvorschlag: Versuch: Sauerstoff-Oxidation-Oxide
Geräte/Materialien: Balkenwaage, Bunsenbrenner, Eisenwolle
Durchführung: Die Eisenwolle, die an einer Balkenwaage im Gleichgewicht hängt, wird erhitzt.
Beobachtung: Die Eisenwolle glüht auf und wird schwarz-grau. Die Balkenwaage senkt sich auf der Seite mit der Eisenwolle.
Auswertung/Erklärung: Da die Eisenwolle schwerer geworden ist, muss sie sich mit dem Sauerstoff aus der Luft verbunden haben. Die Verbindung heißt Eisenoxid. Die Gewichtszunahme entspricht der Menge Sauerstoff, die sich mit dem Eisen verbunden hat. Dieser Versuch zeigt, dass das Gas Sauerstoff auch ein Gewicht hat.

2. a) Mögliche Lösung:
- genaues Datum und Namen des Versuchs nennen
- das Versuchsprotokoll gliedern in Thema, Material/Geräte, Aufbau, Durchführung, Beobachtung, Auswertung/Ergebnis
- keine eigene Meinung, Bewertungen oder Unwichtiges (z. B. Frau Roth fünf Minuten zu spät ..., Oh man, wie peinlich ..., Anton lehnt sich zurück ...)
- Zeitform Präteritum einhalten (z. B. Frau Roth zeigt ... und erklärt ...)

b) Lösungsvorschlag: Versuch: Geheimschrift mit Zitronensaft
Geräte/Materialien: Tuschefeder, Kerze, Feuerzeug/Streichhölzer, Papier, Wanne, Becherglas (25 ml), 40 %ige Zitronensaftlösung
Durchführung: Von der Zitronensaftlösung etwas in das Becherglas geben und mit der Tuschefeder einen Text auf das Papier schreiben. Anschließend die Schrift trocknen lassen. Dann eine Wanne mit Wasser zum Löschen bereitstellen. Das getrocknete Papier nun langsam über der Kerze hin- und herbewegen, bis die Schrift sichtbar wird. Das Papier darf nicht zu stark erhitzt werden, damit es kein Feuer fängt. Sollte dies doch passieren, dann muss es in der Wasserwanne gelöscht werden.
Beobachtung: Beim Erhitzen werden die Stellen des Papiers, die vorher mit dem Zitronensaft beschrieben wurden, braun und die geschriebenen Buchstaben werden sichtbar.
Auswertung/Erklärung: Nach dem Trocknen befindet sich nur noch das Zitronensäuremolekül auf dem Papier, das sich beim Erhitzen so verändert, dass es braun wird. Man spricht von einer thermischen Zersetzung: C, O, H $\rightarrow$ Kohlenstoff „wird sichtbar".

3. a) Lösungsvorschlag: Versuch: Direktes Färben mit einem Naturstoff
Geräte/Materialien: Dreifuß, Drahtnetz mit Keramikfaser, Bunsenbrenner, Becherglas (250 ml), Glasstab, Löffelspatel, Pinzette, Stück Baumwollstoff
Naturstoff: Curry
Sicherheit: Schutzbrille, Kittel
Durchführung: Auf dem Dreifuß wird ein Drahtnetz mit Keramikfaser platziert, darunter ein Bunsenbrenner gestellt. In ein Becherglas mit 150 ml Wasser gibt man vier Löffelspatel Curry. Man stellt es auf den Dreifuß und schaltet den Bunsenbrenner an. Die Suspension über der Brennerflamme bis kurz vor dem Sieden erhitzen. Dann ein Stück Baumwollstoff zugeben und mit dem Glasstab hin- und herbewegen. Wenn das Stoffstück deutlich Farbe angenommen hat, nimmt man es mit der Pinzette heraus. Nun den gefärbten Stoff mit Wasser auswaschen und trocknen lassen.
Beobachtung: Das weiße Baumwollstück färbt sich in der Curryflüssigkeit gelb. Diese Färbung bleibt nach dem Auswaschen mit klarem Wasser erhalten.
Auswertung/Erklärung: Der Versuch zeigt, dass man mit Haushaltssubstanzen Stoffe färben kann. Innerhalb des Currys bzw. der Currymischung ist das Curcuma das färbende Pigment.
b) Individuelle Lösung

Verena Euler: Deutsch 9/10 berufsbezogen
© Auer Verlag

4.6 Stellenanzeigen verfassen (Personaldienstleistungskaufmann/-frau) S. 51–54

1. a) Mögliche Lösung:
- Ort und Datum: Teichstadt, 24.05.2019
- Rechtschreibung: Motorradwerkstadt
- Bewerbung für einen Ausbildungsplatz als Zweiradmechatroniker in Ihrer Werkstatt/in Ihrem Betrieb
- Ansprechpartner ist Herr Keller: Sehr geehrter Herr Keller, …

Es sollte genannt werden:
- woher man von dem Stellenangebot erfahren hat (Zeitung, Homepage, …)
- für welchen Ausbildungsplatz man sich bewirbt
- welche Schule man besucht und welchen Schulabschluss man hat
- welche beruflichen Vorkenntnisse man bereits mitbringt (Praktikum, …)
- Ausdruck: hineinschnuppern (besser: in das Berufsbild … grobe Einblicke bekommen), „handwerkliche Begabung" zu allgemein (besser: Beispiele nennen oder Aufgaben aus dem Fähigkeitstest)
- Rechtschreibung: Technick
- Welche Fähigkeiten aus dem Freizeitbereich passen zum Berufsbild?
- Rechtschreibung und Ausdruck: Kummpels (besser: Freunde), durch die Gegend düßen (besser: Wenn wir an unseren Rollern Reparaturen durchgeführt haben, machen wir gemeinsam Testfahrten./ Wir unternehmen gemeinsam Ausflüge mit dem Roller.), Über eine Einladung zu einem Vorstellungsgespräch würde ich mich sehr freuen.
- Mit freundlichen Grüßen (immer ausschreiben, nicht abkürzen!)
- nur mit dem Vor- und Nachnamen unterschreiben

b) ① In meiner Freizeit und für Schulaufgaben nutze ich verschiedene Computerprogramme, wie Word, Excel oder PowerPoint, und recherchiere im Internet.
② Ich bin ein kommunikativer und kontaktfreudiger Mensch.
③ Ich habe bereits in einem Seniorenheim für … (Zeitraum nennen) gearbeitet und könnte mir gut vorstellen, im Berufsfeld Gesundheit eine Ausbildung zu beginnen.
④ Ich habe von ihrer freien Ausbildungsstelle über Ihre Stellenanzeige/durch eine telefonische Anfrage/über Ihre Homepage erfahren (immer selbst suchen, nicht andere suchen lassen!)
⑤ Über eine Einladung zu einem Vorstellungsgespräch würde ich mich sehr freuen.
⑥ Falls die Möglichkeit eines Probearbeitstages/einer Probearbeitswoche besteht, würde ich dieses Angebot gerne nutzen.
⑦ Da ich in meiner Freizeit im Modellbauverein aktiv bin, konnte ich mein handwerkliches Geschick schon oft unter Beweis stellen.

2. a)–c) Individuelle Lösung

3. a) Mögliche Lösung:
- Man sollte etwas früher aufstehen als sonst.
- Die Kleidung ein paar Tage vorher zusammenstellen, damit alles auch gut zusammenpasst.
- Die Kleidung sollte immer frisch gewaschen und gebügelt sein.
- Keine Freizeit-/Alltagskleidung (transparente Oberteile) wählen, sondern dem Beruf angemessene und seriös wirkende Kleidung tragen.
- Keine aufdringlichen Düfte/Deos auftragen.
- Nicht auf das morgentliche Duschen und die tägliche Körperpflege wie Haarewaschen und Zähneputzen verzichten.
- Wenn überhaupt Make-up, dann nur dezent (keine Knallfarben).
- Zeit zum Frühstücken einplanen, damit der Magen nicht im Gespräch knurrt.
- Keinen Kaugummi kauen, sonst vergisst man, diesen vor dem Gespräch rauszunehmen.
- Ein alternatives Verkehrsmittel einplanen sowie die Fahrt frühzeitig antreten, damit man nicht noch vom Rennen durchgeschwitzt ist.

b) Richtig sind 1, 3, 4 und 6.

4. Richtig sind 1, 5 und 6.

Verena Euler: Deutsch 9/10 berufsbezogen
© Auer Verlag

4.7 Schriftlich Stellung nehmen (Verwaltungsfachangestellte/-r der Fachrichtung Kommunalverwaltung) S. 55/56

1. a) Thema: Es geht um einen Beförderungsantrag eines jungen Kollegen, den der Personalrat mit dem Bürgermeister bespricht.
Der Personalrat vertritt den Standpunkt, dass Herrn Gründlich aufgrund seines Arbeitseinsatzes eine Beförderung zusteht. Der Bürgermeister argumentiert gegen die Beförderung, indem er die Unerfahrenheit des jungen Kollegen betont und auf das knappe Budget aufmerksam macht.
b) Individuelle Lösung

2. These: Sind die Einnahmen für die Gemeinde wichtiger als der Naturschutz?
Mögliche Pro-Argumente:
- Arbeitsplätze schaffen
- Wirtschaft der Region stärken
- Infrastruktur weiter ausbauen

Mögliche Kontra-Argumente:
- Feuchtwiesen, Vogelschutzgebiet
- Wasserschutzgebiet, Quelle für das Grundwasser der Gemeinde
- Ruhe der Anwohner wird gestört
- bestehendes Gewerbegebiet noch nicht voll ausgelastet

3. a) Einleitung: von „Ich nehme Bezug" bis „erschienen ist"
Hauptteil: bis „Unfälle aufzunehmen", dann beginnt der Schlussteil
b) Beleidigungen (die unmöglichen Sturböcke, nach Profit strebenden), Unwichtiges (neues E-Bike)
c) Thema: Natur muss dem Menschen Platz machen, Mensch greift in die Natur ein, wichtiger Lebensraum für Vögel wird zerstört
Leserbrief: Individuelle Lösung

5.1 Komplexe Satzstrukturen verstehen und verfassen (Rechtsanwalts- und Notarfachangestellte/-r) S. 57–59

1. a) und b) **„Azubi-Casting"**
Bevor ein Ausbildungsvertrag unterschrieben und somit der Ausbildungsbeginn eingeläutet wird, *(Satzgefüge: Temporalsatz – Hauptsatz)* haben angehende Azubis Teilschritte zu absolvieren: Bewerbungen schreiben, Einstellungstests oder ein Assessment-Center durchlaufen, *(Aufzählung)* Vorstellungsgespräche führen – für manche sicherlich mit Bergsteigen vergleichbar.
Ist die erste Etappe geschafft, *(Satzgefüge: Konditionalsatz – Hauptsatz)* dann folgt ein „Casting" hinsichtlich Allgemeinwissen, *(Aufzählung)* Fachwissen und Schlüsselqualifikationen, Soft Skills genannt *(nachgestellte Erläuterung)*. Führt die Testung zu einem positiven Ergebnis, *(Satzgefüge: Konditionalsatz – Hauptsatz)* findet ein Vorstellungsgespräch statt.

Herzlichen Glückwunsch, *(Satzreihe: Hauptsatz – Hauptsatz)* denn auf dieses werden **S**ie im **F**olgenden vorbereitet! Uns ist wichtig, *(Satzgefüge: Hauptsatz – Konjunktionalsatz)* das**s** **S**ie unsere Gründungsgeschichte sowie unsere Leistungen kennen, aber auch von **I**hrer Persönlichkeit, *(Aufzählung)* **I**hren Arbeitstugenden und **I**hrem Auftreten her in unser Team passen.

Im Jahr 1990 gründeten wir, die Geschwister Anne-Katherin Graf und Carl-Matthias Gutmann, *(Apposition)* die Kanzlei und das Notariat GRAF & GUTMANN. Seither sind wir in gerichtlichen und außergerichtlichen Angelegenheiten immer für unsere Ma**n**danten Ansprechpartner und legen großen Wert auf eine ganzheitliche mandantenoptimierte Betre**u**ung. Wir sind beide studierte Rechtsanwälte und bestellte Notare. Dennoch teilen wir die zwei Bereiche untereinander auf: Carl-Matthias Gutmann vertritt die Rechtsgebiete Ordnungswidrigkeits-, Betreuungs-, Arbeits- und Familienrecht. Anne-Katherin Graf hingegen wickelt sämtliche notarielle Tätigkeiten wie beurkundungspflichtige Geschäfte und Beglaubi-

Verena Euler: Deutsch 9/10 berufsbezogen
© Auer Verlag

gungen nach deutschem Beurkundungsgesetz ab. Sie ist Ansprechpartnerin für Hypotheken, Patientenverfügungen, Vollmachten, Grundschulden und Nießbrauchbestellungen.

Wenn man eine Ausbildung bei uns, GRAF & GUTMANN, *(Apposition)* machen möchte, *(Satzgefüge: Konditionalsatz – Hauptsatz)* dann reicht es allerdings nicht aus, da**s**s man unsere Gründungsgeschichte und Leistungen kennt. Darüber hinaus sollten Rechtsanwalts- und Notarfachangestellte ein gutes Ausdruck**s**vermögen und Textsicherheit besitzen, kommunikativ und freundlich sein sowie ein seri**ö**ses und gepflegtes Erscheinungsbild haben. Da in diesem Beruf ein täglicher Umgang mit empfindlichen Daten gepflegt wird, *(Satzgefüge: Kausalsatz – Hauptsatz)* legen wir bei unseren Auszubildenden besonderen Wert auf die Einhaltung der vor Ausbildungsbeginn zu unterschreibenden Verschwiegenheitsverpflichtung, *(Relativsatz)* die auch nach Beendigung der Ausbildung oder des Beschäftigungsverhältnisses einzuhalten ist.

2. a) ① Als ihr Onkel verstarb, befand sie sich mit ihrer Familie im Urlaub. (Temporalsatz)
② Für die Erben fallen in der Regel keine weiteren Kosten an, falls der Verstorbene ein öffentliches Testament gemacht hat. (Konditionalsatz)
③ Da der Notarvertrag noch nicht unterschrieben wurde, ist der Hausverkauf nicht rechtskräftig. (Kausalsatz)
④ Mir hat das Praktikum in der Kanzlei gut gefallen, sodass ich dort freiwillig in den Sommerferien ein weiteres Praktikum machen werde. (Konsekutivsatz)
⑤ Es ist hilfreich, in einer Kanzlei und in einem Notariat ein Praktikum zu machen, damit man viele verschiedene Einblicke in diesen Beruf bekommt. (Finalsatz)
⑥ Die Auszubildende begleitet den Notar in die Stadthalle, wo die Hauptversammlung einer Aktiengesellschaft stattfindet. (Lokalsatz)
⑦ Er war auf seinen Ausbildungsplatz dadurch gut vorbereitet, dass er während der Schulzeit einen Computerkurs absolviert hatte. (Modalsatz)
⑧ Obwohl ich als Schülerin keinerlei Berufserfahrung habe, durfte ich in meinem Praktikum viele berufstypische Tätigkeiten selbstständig ausführen. (Konzessivsatz)

b) Infinitivgruppe:
② Um selbstständig in diesem Beruf arbeiten zu können, lernt der Auszubildende Paolo viele Gesetze und Paragrafen.
③ Es wird empfohlen, den Inhalt der Eintragungen auf Richtigkeit und Vollständigkeit zu überprüfen.
Partizipialgruppe:
① Die Verschwiegenheitserklärung, am ersten Ausbildungstag unterschrieben, erlaubt den Auszubildenden die Arbeit mit vertraulichen Daten.
④ Über das ganze Gesicht strahlend, freute er sich über das Schenkungsversprechen seines Großvaters.

3. ① Dass (K) die Niederschrift in Gegenwart des Notars den Beteiligten vorgelesen werden muss, das (D) sagt das (A) Beurkundungsgesetz aus.
② Nicht jedem ist bekannt, dass (K) z. B. Geldgeschenke zum Geburtstag oder zu Weihnachten als Handschenkung bezeichnet werden.
③ Das (A) Paar, das (R) sich für eine Gütertrennung entschieden hat, muss auf einem Notariat einen Ehevertrag abschließen, der öffentlich zu beurkunden ist.
④ Er versichert an Eides statt, dass (K) ihm nichts bekannt ist, was der Richtigkeit seiner Angaben entgegensteht.

4. ① Frau Geizig, nicht aber ihre Schwester, erbte das Ferienhaus in Spanien.
② Eine alte Akte, die schon vergilbt und verstaubt war, suchte die Anwältin.
③ Sie suchte den Radiergummi, der herabgefallen war, unter dem Schreibtisch.
④ Der Mann, der im Sterben lag, schenkte seinem Sohn seinen Porsche.

Verena Euler: Deutsch 9/10 berufsbezogen
© Auer Verlag

5.2 Den Konjunktiv verwenden (Beamter/Beamtin im mittleren Zolldienst) S. 60–62

1. a) Herr Shim-Chiung erzählte, der Kaktus stamme aus dem Garten seiner Mutter. Man sehe es an der Erde, dass er ihn ausgegraben habe. Er sagte, er habe sich ein Stück Heimat mit nach Deutschland nehmen wollen. Sie hätten extra den roten Ausgang gewählt, um den Kaktus anzumelden.
Frau Shim-Chiung sagte, eine Bekannte habe sie gefragt, ob sie ihr vier Rainsticks aus Kakteenholz mitbringen könne. Sie versicherte, sie habe von einer Mengenbegrenzung nichts gewusst.
Die 13 Jahre alte Tochter gab an, sie benötige die zwei toten Seepferdchenpräparate in ihrem Koffer für ein Schulprojekt.
Der 16 Jahre alte Sohn behauptete, er bringe seiner Freundin ein Bruchstück einer Koralle, das er am Strand gefunden habe, mit.

b) Herr Shim-Chiung darf den Kaktus nicht einführen, da sich noch Resterde an diesem befindet und somit Krankheiten oder Seuchen eingeführt werden könnten. Frau Shim-Chiung hat einen Rainstick zu viel. Genehmigungsfrei sind nur drei Stück. Die Tochter darf ihre zwei Seepferdchenpräparate behalten, denn bis zu vier tote Exemplare dürfen eingeführt werden. Der Sohn kann die Koralle nur mitnehmen, wenn es sich um ein unverzweigtes, fingerähnliches Bruchstück handelt, das einen Durchmesser von maximal 3 cm aufweist.

c) Mögliche Lösung: meinen, erklären, antworten, behaupten, feststellen, betonen, äußern, raten, auffordern, befehlen

d) ① Die Zollbeamten meinten: „Sie bekommen in den nächsten Wochen eine gerichtliche Vorladung zugeschickt."
② Der Schmuggler befahl seiner Komplizin: „Lenk du die Kontrolleure ab!"
③ Eine Zollbeamtin bat das Urlauberpaar: „Hören Sie bitte auf, mit mir über die Geldstrafe zu diskutieren!"
④ Der Gepäckkontrolleur fragte den Hundeführer: „Hat der Spürhund schon ein verdächtiges Gepäckstück identifiziert?"
⑤ Ein Flughafensprecher behauptet: „Jeder fünfte Flugreisende geht inzwischen unerlaubt durch den grünen Zollausgang."

e) ① Ein Urlauber behauptete, dass er die Korallen nicht in den Koffer gepackt habe.
② Der Zollbeamte fragt, ob es noch weitere unerlaubte Gegenstände im Gepäck gebe.
③ Ein Sprecher der Autobahnpolizei sagt, die Sicherstellung von illegalen Waren auf deutschen Autobahnen hänge in vielen Fällen mit der Herkunft der Fahrzeuge zusammen.

2. a) du kommest, sie säßen/würden sitzen, wir seien, man wisse, du suchest, ihr fraget, du sehest, sie sage, ich liefe/würde laufen, es kaufe

b) ① Zukunft, ② Gegenwart, ③ Vergangenheit, ④ Gegenwart, ⑤ Zukunft, ⑥ Vergangenheit

c) Individuelle Lösung

6.1 Textsicherheit und Sprachanalyse (Beamter/Beamtin im mittleren Justizvollzugsdienst) S. 63–68

1. a) ① § 19 (1): Eigene Gegenstände dürfen die Übersichtlichkeit des Raumes nicht beeinträchtigen und die Kontrollen nicht erschweren.
② § 18 (3): Die Gefangenen sollen lernen, friedlich miteinander zusammenzuleben, Konflikte mit Worten zu lösen, Toleranz zu zeigen und Verantwortung zu übernehmen.
③ § 22 (2): Nein, sie können mit ihrem eigenen Geld Waren einkaufen, die von der Anstalt angeboten werden.
④ § 24 (4): Nein, Gefangene können auch in einer anderen Justizvollzugsanstalt bzw. einem Justizvollzugskrankenhaus behandelt werden oder im Ausnahmefall auch in einem gewöhnlichen Krankenhaus.

Verena Euler: Deutsch 9/10 berufsbezogen
© Auer Verlag

⑤ §27 (2): Nein, die Gefangenen müssen an schulischen bzw. beruflichen Orientierungs-, Aus- und Weiterbildungsmaßnahmen teilnehmen. Sie müssen arbeiten bzw. einer arbeitstherapeutischen oder sonstigen Beschäftigung nachgehen.
⑥ §29 (2, 5): Nein, sie dürfen keine illegalen Zeitungen und Zeitschriften lesen. Falls die Sicherheit oder Ordnung der Anstalt es erfordert, kann einzelnen Gefangenen Fernsehen oder Radiohören verboten werden.

b) Richtige Aussagen: ③ (§21, 2), ④ (§22, 2), ⑨ (§30), ⑩ (§29, 4)

2. a) ① Das Tragen von Anstaltskleidung ist für die Insassen vorgeschrieben.
② In allen Gemeinschaftsräumen der Anstalt ist das Rauchen verboten.
③ Das Einhalten der Gesprächszeit ist für die Besucher und Insassen verpflichtend.

b) Das Tragen von Schmuck ist den Insassen nicht gestattet.
Beim Abgeben der Werkzeuge/Arbeitsmittel, wie Messer oder Schraubenzieher, in den Ausbildungswerkstätten sind die Insassen genau zu beobachten.
Das Vorzeigen des Personalausweises ist für Besucher der JVA Pflicht.
Das Benutzen von Mobilfunkgeräten ist verboten.

3. a)

	Montag	**Dienstag**	**Mittwoch**	**Donnerstag**	**Freitag**
Name	Schmöll	Krausmann	Völser	Clement	Fieso
Bereich	Schreinerei	Schlosserei	Wäscherei	Gärtnerei	Küche
Versteck	Holzbretterstapel	Metallrohr	Wäschesack	Blumenerde	Mülleimer
Tat	Raubüberfall	Autodiebstahl	Drogenhandel	Körperverletzung	Brandstiftung
Haftantritt	Oktober 2017	November 2017	Januar 2018	August 2017	Juli 2017

b) ① Der Insasse, der den Zettel schrieb, heißt Völser.
② Die Notiz wurde in der Wäscherei der JVA gefunden.
③ In einem Wäschesack war die Nachricht versteckt.
④ Der Insasse, der einen Raubüberfall verübt hat, heißt Schmöll.

6.2 Richtig schreiben und sich gut ausdrücken (Schilder- und Lichtreklamehersteller/-in) S. 69/70

1. a) ① Schaufenster, ② Fahrzeuge, ③ Verkehrszeichen, ④ Hinweisschild, ⑤ Textilie, ⑥ Aufkleber, ⑦ Pylon, ⑧ Bande, ⑨ Firmenschild, ⑩ Plakat

b) Schreinerei Ahorn: Ihr Holzexperte seit 1985
Waldmann & Co: Ihr Maklerbüro für Ferienwohnungen im Grünen
Mobile Reparaturwerkstatt Inh. Ingo Alles: Fenster, Rollläden, Jalousien, Haustüren, Garagentore; www.IngoAlles@reparieren.com
Zweirad Keller: Finden Sie Ihr Rad!
Hildes Raststätte: Da isst man am besten!
Freibad Meeresbrise: Öffnungszeiten von Mai bis August: täglich von 7 bis 21 Uhr
Musikschule Kontrabass: Wir garantieren, dass der Spaß nicht zu kurz kommt.

c) ① geleert – gelehrt, ② Verse – Ferse, ③ Laib – Leib, ④ Uhrzeit – Urzeit, ⑤ Saiten – Seiten, ⑥ Man – Mann, ⑦ Lid – Lied, ⑧ wahren – waren

d) Mögliche Homofone: Fön – Föhn, Gewand – gewandt, Laie – Leihe, Meer – mehr, Rad – Rat

2. a) und b) Individuelle Lösung

Verena Euler: Deutsch 9/10 berufsbezogen
© Auer Verlag

6.3 Fachausdrücke verstehen und nutzen (Operationstechnische/-r Assistent/-in) S. 71/72

1. a) ① assistieren, ② desinfizieren, ③ dokumentieren, ④ oral, ⑤ ein Skalpell, ⑥ Fraktur
b) und c) operieren: Tätigkeit, die Ärzte ausführen, um einem Patienten zu helfen und ihn gesund zu machen
dekorieren: z. B. Gegenstände oder Räume mithilfe von verschiedenen Materialien oder Farbe verschönern/schmücken
diagnostizieren: eine Krankheit erkennen und benennen
therapieren: einen Patienten/eine Krankheit gezielt mittels Gesprächen oder Medikamenten behandeln bzw. heilen
manipulieren: eine andere Person in seiner Meinung massiv beeinflussen, negativen Einfluss auf die Denkweise eines Menschen ausüben und ihn überreden
inhalieren: z. B. bei Asthma zur Heilung entsprechende Dämpfe/Pulver einatmen
lokal: Um z. B. eine kleine Wunde zu vernähen, muss nur die entsprechende Stelle betäubt werden, damit man nichts spürt.
ambulant: Der Patient kann nach einer Behandlung/Operation das Krankenhaus direkt wieder verlassen.
Pinzette: kleine Greifzange zum Fassen von kleinen und empfindlichen Gegenständen/Teilchen, z. B. zum Entfernen von Glassplittern aus der Haut
Stethoskop: Instrument, mit dem der Arzt den Brustkorb des Patienten abhört
Dressur: Trainieren/Abrichten eines Tieres, damit es Kunststücke vorführen kann
Statur: Körpergestalt/Figur eines Menschen

2. a) Dokument, Patient, Alternative, Hektik, Station, Qualität, Maschine, Hygiene, Diagnose, Konzentration
b) Dokument: lat./Beweisstück, Urkunde, Schriftstück
Patient: lat./Mensch, der krank ist und einen Arzt aufsucht oder bei diesem in Behandlung ist
Alternative: frz./Wahlmöglichkeit, ein Plan B, nicht auf eine Sache festgelegt sein
Hektik: lat./Eile, übertriebene Aufregung, Stress
Station: lat./Haltepunkt oder -stelle, Bereich, Abteilung im Krankenhaus
Qualität: lat./Güte, Wert, charakteristische Eigenschaften eines Produktes/einer Handlung
Maschine: frz./Gerät mit beweglichen Teilen, das menschliche oder tierische Arbeitskraft ersetzt und Arbeiten ausführt
Hygiene: gr./Gesundheitsfürsorge, Sauberkeit
Diagnose: frz./gr. Erkennung und Benennung einer Krankheit
Konzentration: frz./(Chemiebereich) Stärke/Intensität einer Flüssigkeit; seine ganze Aufmerksamkeit auf eine Sache legen

3. a) und b)

Nomen	Verben	Adjektive
Präzision	präzisieren	präzise
Sterilisation	sterilisieren	steril
Operation	operieren	operativ
Zentrum	zentrieren	zentrisch
Funktion	funktionieren	funktional

c) Individuelle Lösung

4. ① Therapie, ② Symptom, ③ Thermometer, ④ Bandage, ⑤ Abszess, ⑥ Bakterien

Verena Euler: Deutsch 9/10 berufsbezogen
© Auer Verlag

Quellenverzeichnis

Bildquellen

S. 5: Internationale Luftverkehrsassistentin © Racle Fotodesign – stock.adobe.com
S. 7: Kaufmann für Dialogmarketing © nyul – stock.adobe.com
S. 9: Altenpflegerin © Alexander Raths – Shutterstock.com
S. 11: Frau in Bücherei © Racle Fotodesign – stock.adobe.com
S. 14: Mann mit Handy © Robert Kneschke – stock.adobe.com
S. 16: PTA © stockfour – Shutterstock.com
S. 18: Piktogramm Reizend: https://commons.wikimedia.org/wiki/File%3AGHS-pictogram-exclam.svg
Piktogramm Sehr giftig: https://commons.wikimedia.org/wiki/File:GHS-pictogram-skull.svg
Piktogramm Leicht entzündlich:
https://commons.wikimedia.org/wiki/File%3AGHS-pictogram-flamme.svg
Piktogramm Ätzend: https://commons.wikimedia.org/wiki/File%3AGHS-pictogram-acid.svg
Piktogramm Gesundheitsschädlich:
https://commons.wikimedia.org/wiki/File:GHS-pictogram-silhouette.svg
Piktogramm Explosionsgefährlich:
https://commons.wikimedia.org/wiki/File:GHS-pictogram-explos.svg
S. 19: Mann am Computer © contrastwerkstatt – stock.adobe.com
Landkarte © artalis – stock.adobe.com
S. 21: Grafik Hauptauslöser von Verschuldung 2014 © Statistisches Bundesamt, Wiesbaden 2015
S. 23: Gebäudereinigerin © JackF – stock.adobe.com
Piktogramm Schutzhandschuhe: https://commons.wikimedia.org/wiki/File%3AISO_7010_M009.svg
Piktogramm Schutzschürze: https://commons.wikimedia.org/wiki/File:ISO_7010_M026.svg
Piktogramm Schutzschuhe: https://commons.wikimedia.org/wiki/File%3AISO_7010_M008.svg
Piktogramm Augenschutz: https://commons.wikimedia.org/wiki/File:ISO_7010_M004.svg
Piktogramm Maske: https://commons.wikimedia.org/wiki/File:ISO_7010_M016.svg
S. 24: Piktogramm Reizend: https://commons.wikimedia.org/wiki/File%3AGHS-pictogram-exclam.svg
Piktogramm Umweltgefährliche Stoffe:
https://commons.wikimedia.org/wiki/File:GHS-pictogram-pollu.svg
Piktogramm Ätzend: https://commons.wikimedia.org/wiki/File%3AGHS-pictogram-acid.svg
Piktogramm Gesundheitsgefahr:
https://commons.wikimedia.org/wiki/File:GHS-pictogram-silhouette.svg
Piktogramm Notausstieg mit Fluchtleiter:
https://commons.wikimedia.org/wiki/File:ISO_7010_E016.svg
Piktogramm Hautschutzmittel benutzen:
https://commons.wikimedia.org/wiki/File:ISO_7010_M022.svg
Piktogramm Kein Trinkwasser: https://commons.wikimedia.org/wiki/File:ISO_7010_P005.svg
Piktogramm Warnung vor elektrischer Spannung:
https://commons.wikimedia.org/wiki/File:ISO_7010_W012.svg
S. 25: Mann am Telefon © Dima Sidelnikov – Shutterstock.com
S. 26: Innenstadtplan München © circus media GmbH
S. 28: Statistik © Hessisches Statistisches Landesamt, 2019 © kanate – Fotolia.com
S. 29: Koch © WavebreakmediaMicro – stock.adobe.com
S. 31: Frau in Lagerhalle © Africa Studio – Shutterstock.com
S. 34: Frau am Telefon © Iakov Filimonov – Shutterstock.com
S. 37: Bestattungsfachkraft © Kzenon – stock.adobe.com
S. 39: Erzieherin © lordn – stock.adobe.com
S. 42: Gespräch © JackF – stock.adobe.com
S. 45: Podologin © YURII MASLAK – stock.adobe.com
S. 47: Medizinische Fachangestellte © Minerva Studio – Shutterstock.com
S. 49: Chemielaborantin © contrastwerkstatt – stock.adobe.com
S. 51: Frau mit Bewerbungsmappe © Racle Fotodesign – stock.adobe.com
S. 55: Mann mit Akten © asierromero – stock.adobe.com
S. 57: Mann am Laptop © Robert Kneschke – stock.adobe.com

Verena Euler: Deutsch 9/10 berufsbezogen
© Auer Verlag

Quellenverzeichnis

S. 60: Zollbeamter © dpa – Report
S. 63: Justizvollzugsbeamter © dpa
S. 69: Schilder- und Lichtreklameherstellerin © vwmosi – stock.adobe.com
S. 71: Operationstechnische Assistentin © morganka – stock.adobe.com

Textquellen

S. 43: Fontane, Theodor: „John Maynard“, unter: http://gutenberg.spiegel.de/buch/-4504/214
S. 56: Fritz, Walter Helmut: „Bäume“, aus: Walter Helmut Fritz: Gesammelte Gedichte © Hoffmann und Campe Verlag
S. 63–66: HessJStVollzG, unter: https://justizministerium.hessen.de/sites/default/files/HMdJIE/hessisches_jugenstrafvollzugsgesetz_-_hessjstvollzg.pdf

Verena Euler: Deutsch 9/10 berufsbezogen
© Auer Verlag

Alle Unterrichtsmaterialien

der Verlage Auer, AOL-Verlag und PERSEN

jederzeit
online
verfügbar

Und das Beste:
Schon ab zwei
Kollegen können Sie
von der günstigen

Schulmitgliedschaft

profitieren!

Infos unter:
lehrerbuero.de

lehrerbüro

Das Online-Portal für Unterricht und Schulalltag!